Willi Hoffsümmer

Vom Wein in den Krügen

Trauansprachen

Herder Freiburg · Basel · Wien

Die Zeichnungen stammen von Frau Marianne Breuer, Bergheim

Alle Rechte vorbehalten – Printed in Germany
© Verlag Herder Freiburg im Breisgau 1990
Herstellung: Freiburger Graphische Betriebe 1990
ISBN 3-451-21859-3

Inhalt

Trauansprachen

Das einzusetzende Zeichen ist jeweils angegeben

Zum Geleit

Die heutige Ehe ist nicht mehr der „Ehehafen" von einst – im Gegenteil: Sie bedeutet „Fahrt hinaus aufs offene Meer." Die Partner verlassen den Hafen ihres bisher „gesicherten" Lebens – ihre Familie, ihre Nachbarschaft, ihr Dorf oder ihren Stadtteil, oft genug auch ihren Freundeskreis – und wagen die risikoreiche Fahrt mit all ihren Unsicherheiten und Unwägbarkeiten. Vielleicht ist uns noch nie so deutlich bewußt geworden, was das Wort „*Trauung*" letztlich meint: Wagnis und Risiko, Zutrauen und Vertrauen. Wer heiratet, traut sich – im Doppelsinn des Wortes!

So erleben sich viele junge Leute – selbst kurz vor der Hochzeit – in einer höchst ambivalenten Situation: Hoffen auf Gelingen ihrer Ehe – Angst vor Scheitern ihrer Ehe. Beides, Zuversicht und Sorge, Vertrauen und Zweifel, liegt ganz nahe beisammen. Die Ehe ist heute anspruchsvoller und herausfordernder, zugleich anfälliger und verletzlicher geworden. Ihre Tragfähigkeit wird von vielen angezweifelt. Dennoch bleibt auch in ihnen die Hoffnung, verläßlich mit einem Menschen leben zu können, ohne Vorbedingungen, ohne Wenn und Aber, ohne Widerruf.

An entscheidenden Wegstationen seines Lebensweges braucht der Mensch Wegweiser und Orientierungsmarken: „*Sinn-Signale*". Es geht dabei weniger um Wegbeschreibungen, vielmehr um Wegdeutungen. Eine solche entscheidende Wegstation ist die Hoch-zeit, der neue Ausgangspunkt für den gemeinsamen Lebensweg eines Paares. Viele spüren sehr wohl, wie sehr sie gerade in einem solchen Augenblick auf Hilfe und Stütze, Beistand und Halt angewiesen sind. Hier bedarf es mehr denn je eines wegweisenden „Sinn-Signals". Wir Christen sprechen vom *Sakrament Ehe* und meinen damit, daß Gott in seiner ungebrochenen Liebe und Treue sich mit uns auf den gemeinsamen Weg macht. „Denn wo zwei oder drei in meinem Namen versammelt sind, da bin ich mitten unter ihnen" (Mt 18,20). Ein hilfreiches und ermutigendes Wort für Ehe und Familie!

„Wenn wir einmal heiraten werden, dann auch kirchlich," meinte vor kurzem einhellig eine Gruppe kritischer Abiturienten. Ein Mädchen sagte: Das Versprechen wiegt schwerer. Ein verliebtes Paar aus dem Kurs fügte hinzu: Dann fühlen wir uns fester aneinander gebunden. Und ein Junge brachte „Gottes Segen" ins Spiel. Die Motive zur kirchlichen Heirat sind vielfältig und vielschichtig. Aber hinter manchen vordergründigen Aussagen steckt mehr: Die Ahnung, es allein nicht „schaffen" zu können; die Hoffnung, daß jemand da ist, der trägt und hält. „Segnen" stammt vom lateinischen Wort „benedicere": Wörtlich übersetzt heißt das: *gut sagen*. Wenn „Gottes Segen" über der Ehe stehen soll, dann erhoffen sich die Eheleute, daß Gott es gut mit ihnen meint, daß er wohlwollend ihren Weg begleitet.

Höhepunkte im menschlichen Leben wollen gefeiert sein. Fest und Feier ragen aus dem Alltäglichen heraus, lassen das Gewohnte hinter sich. Hin und wieder müssen wir den normalen Ablauf unseres Lebens durchbrechen, uns besinnen und innehalten, unser Leben „festmachen", ein Fest feiern. Unsere Sprache vermutet wohl zurecht einen engen Zusammenhang zwischen „Festigkeit" und „Festlichkeit". Wenn junge Menschen ihre Hoch-zeit, den ersten Höhepunkt ihres gemeinsamen Lebens, feierlich gestalten wollen, dann wollen sie sich fest-machen, dann fühlen sie sich fester aneinander gebunden. Denn das Versprechen vor Gott wiegt schwerer!

Kein Fest, kein festlicher Ritus kennt so vielsagende Zeichen und Symbole und so vielversprechende Handlungen wie gerade die kirchliche Trauung. Darum sind die meisten Menschen innerlich so tief berührt und bewegt, wenn ein junges Paar sich ein Leben lang Liebe und Treue verspricht. Das geht unter die Haut, das läßt niemanden kalt oder gleichgültig. Symbolhafte Zeichen und symbolträchtige Handlungen greifen Lebenssituationen der Menschen auf, versuchen sie zu deuten und in einen größeren Sinnzusammenhang zu bringen. Zeichen und Symbole „erzählen" vom Leben. Sie sind für uns Menschen lebensnotwendig. Sie schlagen Brücken zwischen Leben und Glauben!

Das vorliegende Buch mit seinen vielen originellen Ideen und hilfreichen Anregungen will solche Brückenschläge ermöglichen helfen.

Peter Neysters

Ein Wort zuvor

Gerät es nicht an den Rand einer Blamage, wenn Wochen nach der Hochzeit in den Gesprächen nur noch die Qualität der Musikband oder des Essens auflebt, die kirchliche Feier aber unerwähnt bleibt? Das hat sicherlich auch damit zu tun, daß die Trauansprachen generell zu verkopft ausfallen. Wenn ohne bildreiche Sprache gepredigt, gar mit einer trockenen Abhandlung des Begriffs „Liebe" gelangweilt wurde, dann kann sich auch kaum etwas der Seele des Zuhörers einprägen. Dagegen bleiben symbolisierte Zeichen, Gleichnisse und Geschichten in der Erinnerung haften. Und wenn ich dem Brautpaar sogar etwas mitgebe, über das es in seiner Wohnung immer wieder visuell „stolpern" kann, dann leben auch die Gedanken einer Predigt in den Gesprächen fort. (In letzter Zeit gebe ich dem Paar die geschriebene Predigt gerollt und von einem Bändchen gehalten zur Erinnerung mit. Wird sie ins Hochzeitsbuch geklebt, kann sie mancher Gast später noch überdenken. Ist die Predigt im Computer gespeichert, macht das nur wenig Arbeit.)

Oft genug haben wir Paare vor uns, denen die Voraussetzung für eine kirchliche Trauung fehlt. Warum da mit einer Tausend-Watt-Licht-Predigt blenden, wo eine Kerze genügt hätte? Die symbolkräftigen Predigten erfahren deshalb so gutes Echo, weil sie ein Paar im Alltag abholen, da, wo es steht, und es weiterführen zu dem, was wir eigentlich als christliche Botschaft zu verkünden haben.

Vielleicht scheuen Sie die Ausgaben für diese „Andenken", die manchmal ein paar Mark kosten. Aber bei dem Echo, das sie auslösen, sollte uns dieser Aufwand nicht abhalten, zumal es im kirchlichen Etat für „Gottesdienstgestaltung" auch eine Position gibt. Es erhöht auch die individuelle Note und das Zusammengehörigkeitsgefühl in einer Pfarrgemeinde, wenn Sie Hobbykünstler oder einen Töpferkreis ansprechen, Ihnen einige Regenbögen oder Schnecken in Ton zu modellieren.

Und nun wagen Sie den Versuch, in anschaulicher Art zu predigen. Glauben hat mit Wagnis zu tun! Starten Sie nur *einen* Versuch, und das Echo wird Sie ermuntern, fortzufahren.

Zum Schluß noch der Hinweis: Diese Predigtentwürfe sind Stoffsammlungen, aus denen Sie unbedingt *auswählen* sollten.

Ihr Willi Hoffsümmer

1.
Das Zeichen der Liebe

Trauansprache mit einer Rose

Vorbereitung
Zwei Rosen für die beiden Brautleute und eine für den Prediger *oder* nur eine Rose in der Hand des Predigers, die den Brautleuten nach der Trauung geschenkt wird. Zusätzlich kann auch eine Karte, die eine Rose zeigt, z.B. Nr. 5024 im Kunstverlag Maria Laach, dem Brautpaar als Andenken überreicht werden.

Lesungen
1 Kor 13,4–8 a. 13: Was die Liebe vermag ...
Mt 14,22–33: Petrus geht übers Wasser (das Vertrauen auf Gott kann uns über Wasser halten);
Joh 15,9–12: Bleibt in meiner Liebe.

Ansprache

Dieses Symbol für die Liebe möchte ich Ihnen schenken. Es kann uns wirklich Entscheidendes über die Liebe sagen:
1. Wir staunen über das Wunder dieser Blüte: Sie strahlt Schönheit aus und Wärme und Zärtlichkeit. Im Rot der Blütenblätter liegen Sommer und Sonne, aber auch die Leidenschaft. Und der Duft, der von ihr ausströmen kann, weckt in uns die Sehnsucht nach demjenigen, der die Liebe in unsere Herzen gesenkt hat, und nach einer letzten Geborgenheit, die auch der Partner nicht schenken kann.
Die Rose versteckt aber auch nicht die Dornen, die die Liebe für uns bereithält: Verletzend und scharfkantig warten sie, bis wir sie unversehens zu spüren bekommen. Woher die Kraft der

Liebe nehmen, wenn so ein Dorn mir im Fleisch sitzt, wenn ich tage- und wochenlang mit Enttäuschung und Bitterkeit, mit eisiger Kälte und ausgenutztem Vertrauen fertig werden muß? Doch das Grün der Blätter läßt immer wieder die Hoffnung keimen, daß die Liebe stärker ist und Umkehr und Verzeihen einen neuen Anfang möglich machen.

2. Um dieses Symbol der Liebe gibt es Begebenheiten, die uns den Blick weiten können:
Da überreichte in Paris ein Dichter einer Bettlerin am Wege kein Geldstück, sondern legte in ihre ausgestreckte Hand eine halberblühte Rose. Eine Woche lang blieb die Frau am Wege verschwunden. Dann saß sie wieder auf ihrem Platz, stumm und starr wie früher. „Wovon mag sie die ganzen Tage gelebt haben?" fragte die Begleiterin den Dichter. Und er gab zur Antwort: „Von der Rose!" (vgl. dazu die Kurzgeschichte Nr. 16 in meinem Buch „255 Kurzgeschichten für Gottesdienst, Schule und Gruppe". Grünewald ⁹1987).

Er hatte ihrem Herzen geschenkt, nicht ihrer Hand. Und genau hier liegt der Unterschied, der jungen Leuten nach einiger Zeit zu schaffen macht: Eine eigene, schön eingerichtete Wohnung ist wichtig, auch die Ferienreisen und der gesicherte Kontostand können es sein; entscheidend für die Liebe aber ist das alles nicht! Wir müssen dem Herzen schenken: Zeit füreinander haben; das aufmunternde Wort; das Zuhören nicht verlernen; das „Danke, daß es dich gibt" darf nicht zur Routine werden.

3. Eine andere Begebenheit steht im „kleinen Prinzen", dem wunderbaren Büchlein von St-Exupéry (vgl. „Kurzgeschichten 1, Nr. 122): „Hier ist mein Geheimnis", sagte der Fuchs zum kleinen Prinzen, „es ist ganz einfach: Man sieht nur mit dem Herzen gut. Das Wesentliche ist für die Augen unsichtbar!" Und ein wenig später: „Du bist zeitlebens für das verantwortlich, was du dir vertraut gemacht hast. Du bist für deine Rose verantwortlich!" Und der kleine Prinz wiederholte, um es sich zu merken: „Ich bin für meine Rose verantwortlich!"

N. (Bräutigam), Sie haben sich Ihre N. vertraut gemacht. Jetzt sind Sie zeitlebens für sie verantwortlich. Sie sind für Ihre Rose verantwortlich. Und Sie, N. (Name der Braut), Sie haben sich N. vertraut gemacht. Sie sind zeitlebens für ihn verantwortlich. Sie sind für Ihre Rose verantwortlich.

4. Wir schauen noch einmal auf die Rose: Unter der Blüte

zählen wir fünf Kelchblätter: Selbst wenn die Rose verblüht ist, selbst nach dem härtesten Winter bleiben die fünf Kelchblätter erhalten. Ob die Rose deshalb zum Liebessymbol geworden ist? Die Liebe soll auch eine winterliche Zeit in der Ehe überdauern. Auf die Treue zueinander sich verlassen können, auch wenn die Gefühle füreinander erkaltet sind. Das zu erhoffen, ist schwer in einer Zeit, in der Treue zwar ersehnt, aber immer weniger gelebt wird. Aber Sie sind ja hier, um für Schwierigkeiten Hilfe zu erfahren: Gott will mit Ihnen sein, Sie halten und tragen – wie es gleich in der Trauung das Zeichen der Stola um Ihre Hände sinnbildlich zeigen wird. Wenn Ihre Kräfte schwinden, erinnern Sie sich an den, der diese Ihre Verbindung mit durchtragen will. Es gibt genug Eheleute, die diese Kraft Gottes in Schwierigkeiten und Mißverständnissen gespürt haben.

(Die Zahl der *fünf* Kelchblätter ist nicht zufällig: Fünf ist die Zahl des Lebendigen, die Zahl der Hochzeit, weil sie unteilbar aus der weiblichen Zahl Zwei und der männlichen Zahl Drei zusammengesetzt ist. Wahrscheinlich wußte auch Jesus um diese Zahl der Hochzeit, weil in seinem Gleichnis für das Himmelreich fünf kluge und fünf törichte junge Frauen auf den Bräutigam warten, der zur Hochzeit kommt. – Wie oft begegnen wir dieser Zahl des Lebendigen! Zum Beispiel gibt es in manchen Kulturen fünf Himmelsrichtungen: Unsere vier üblichen und die fünfte aus diesen vier Himmelsrichtungen auf den Betrachter hin. Ich muß also immer auch die „Reise nach innen" antreten, um mich selbst zu finden. Hier kann ich dann auch bewußter dem anderen und – Gott begegnen.)

5. Ein fünfter und letzter Gedanke: In alten Kathedralen und Domen gibt es das sogenannte „Rosenfenster" zum Westen hin. Die Kreisform dieses Fensters ist Sinnbild für das ganze Weltall. Alles darin ist auf Christus in der Mitte hingeordnet, der meist als wiederkommender Christus mit seiner Mutter dargestellt ist (z. B. Notre-Dame, Paris).

Wenn Sie sich jetzt auf den gemeinsamen Weg machen, dann haben Sie dieses Ziel vor Augen: Gehen Sie dem wiederkommenden Christus entgegen, aus dessen Kraft und Nähe Sie jetzt schon leben können.

Diese Rose in Ihrer Hand nehmen Sie bitte zur Erinnerung an diese Stunde mit. Getrocknet könnte sie in Ihrem Zuhause vielleicht einen Platz bekommen, auf den manchmal Ihr Blick fällt. Rufen Sie sich dann Gedanken aus dem jetzt Gehörten ins Gedächtnis zurück!

N. b. Wenn der Prediger eine dritte Rose in Händen hielt, ist es eine schöne Geste, sie am Schluß einer anwesenden Urgroßmutter zu überreichen: „Ohne ihre Liebe wäre das heute nicht möglich gewesen ..." Ein Prediger kann sie später auch der eigenen Ehefrau, Haushälterin oder Küsterin schenken ...

2.
Im Zeichen des Kreuzes

Trauansprache mit einem Kreuz

Vorbereitung
Ein Kreuzchen aus Holz (oder Bronze).

Lesungen
1 Kor 1,18–31: Die Botschaft vom Kreuz (in Auszügen);
1 Joh 4,7–12: Gott hat seinen Sohn gesandt, damit wir durch
ihn leben;
Joh 3,16–18: Jesus kam in die Welt, um zu retten;
Joh 15,1–5: Mit Christus verbunden bleiben (Weinstock–Reben).

Hinweise
1. Die Ansprache eignet sich besonders bei ökumenischen
Trauungen.
2. Entscheiden Sie sich bitte für *eine* der beiden Geschichten.

Ansprache

Dieses kleine Kreuz möchte ich Ihnen als Erinnerung an diesen Tag schenken. Hängen Sie es gut sichtbar auf. Und wenn Ihr Blick darauf fällt, rufen Sie sich einen der folgenden Gedanken wieder ins Bewußtsein.
1. Die Balken des Kreuzes zeigen uns die wesentlichen Richtungen unseres Glaubens auf. Der Längsbalken sagt: Schau hinter alles Sichtbare, suche und liebe den, der die Welt letztlich in seinen Händen hält. Das umschreibt die Gottesliebe. – Der Querbalken sagt: Schau zur Seite, besonders auf die Mitmenschen in Not. Zusammengefaßt: die Nächstenliebe.

Gottes- *und* Nächstenliebe befiehlt uns Jesus im Hauptgebot. Es wird Ihre vornehmste Aufgabe sein, auch Ihre Kinder auf diese beiden Beine der Gottes- und Nächstenliebe zu stellen, wenn sie fest und unerschütterlich in den Stürmen des Lebens stehen sollen.

2. Das Kreuz ist unser Pilgerzeichen. Wir sind ja unterwegs zu Gott, Ziel und Ursprung unseres Lebens. Dabei ist die Horizontale des Kreuzes die Linie der Welt, von der aus kein Aufstieg möglich ist. Die Vertikale des Kreuzes ist die Linie Gottes, der durch seinen Sohn die Hoffnungslosigkeit der Welt durchkreuzt hat – so ist aus Minus Plus geworden! Im Kreuzpunkt von Welt- und Gotteslinie ist die Kirche angesiedelt, die durch ihre Sakramente den Aufstieg zu Gott möglich machen soll.

Dieser Abschnitt nach Joachim Kardinal Meisner, Fastenhirtenbrief 89.

Darum sind Sie auch heute in die Kirche gekommen, um hier aus Christus Kraft und Segen für den gemeinsamen Weg zu holen. Denn er bietet sich als Weggefährte an. Er kam, nicht um die Welt zu richten, sondern um sie zu retten – wie wir im Evangelium gehört haben. Und an einer anderen Stelle der Hl. Schrift heißt es: „Bleibt in mir, dann bleibe ich in euch!" (Joh 15,4). Wenn ich gleich Ihre ineinandergelegten Hände mit dieser Stola, Zeichen für Christus, umwickle, dann wird das deutlich sichtbar.

3. Auf dem gemeinsamen Weg können Sie in Schuld und Sünde fallen. Ein Psychiater kann vielleicht die Ursache für die Irrwege herausfinden, lossprechen von dieser Schuld kann Sie aber nur Gott. Die folgende kurze Geschichte macht das deutlich:

Ein Mann wollte seinen Schatten, seine Schuld, loswerden, aber was er auch anstellte, es gelang ihm nicht: Er wälzte sich auf dem Boden, sprang ins Wasser, versuchte, über seinen Schatten wegzuspringen, ihn im Alkohol zu vergessen ... Alles vergeblich! Ein weiser Mann, der diese Geschichte hörte, meinte dazu: „Das wäre doch ganz einfach gewesen, den Schatten loszuwerden." „Wieso einfach?" fragten die Umstehenden neugierig, „was hätte er denn machen sollen?" Und der Mann gab zur Antwort: „Er hätte sich nur in den Schatten eines Baumes zu stellen brauchen." Christlich heißt die Lösung: „Er hätte sich nur in den Schatten des Kreuzes zu stellen brauchen!" Das ist auch das Angebot Jesu Christi an Sie – wie es

Paulus im Korintherbrief eben formulierte: „Das Wort vom Kreuz ist denen, die verlorengehen, Torheit; uns aber, die gerettet werden, ist es Gottes Kraft!" (1 Kor 1,18).

4. Noch eine Geschichte will ich Ihnen mit auf den Weg geben, die schon manch einen vor einer Kurzschlußhandlung bewahrt hat. Eine Legende berichtet: Die Menschen waren mit ihren Kreuzen unterwegs. Sie mühten sich ab mit ihrer schweren Last. Doch einem war sein Kreuz zu lang. Kurzerhand sägte er ein gutes Stück ab. Nach langer Pilgerschaft kamen alle an einen Abgrund. Keine Brücke führte in das Land, das ewige Freude und Gottes sichtbare Nähe versprach. Alle legten nach kurzem Zögern ihre Kreuze über den Abgrund. Und siehe: sie paßten gerade. Der aber sein Kreuz abgesägt hatte, um es leichter zu haben, stand nun betroffen und verzweifelt da.

Wir dürfen dem Leid, das wir nicht ändern können, nicht ausweichen. Denn erst im Durchtragen können wir erfahren, wie es uns auch helfen kann. Es möge Ihnen aber erspart bleiben, die ganze Schwere eines Kreuzes in Ihrer Ehe zu spüren zu bekommen.

Jetzt darf ich Sie zum Schluß bitten, mit mir das Zeichen des Kreuzes einmal ganz langsam und bewußt über sich zu machen – ich hoffe, daß ich damit die Gefühle evangelischer Christen nicht verletze; das Kreuzzeichen ist zwar ein katholischer, andererseits aber auch ein allgemein christlicher Brauch:

Wir berühren mit den Fingerspitzen die Stirn, die Mitte unseres Geistes. Dann gehen wir zur Mitte des Leibes, der Mitte des Menschen. Und jetzt schließen wir den ganzen Leib ins Zeichen des Kreuzes ein und bezeichnen uns von Schulter zu Schulter. Zum Schluß legen wir beide Handflächen aneinander; wir ballen also keine Faust, nein, wir machen eine offene, ehrliche, befreiende, erlösende Bewegung. In diesem Zeichen sind wir ja erlöst. Möge Ihnen dieses Kreuz auf dem gemeinsamen Weg ein guter Weggefährte sein!

(Dieses Kreuzzeichen stark verkürzt nach Wilhelm Willms, Von Perle zu Perle, Kevelaer 1978, S. 42 f).

3.
Was uns Abgründe überfliegen läßt

Trauansprache
mit einem Schmetterling

Vorbereitung
Ein getöpferter Schmetterling oder fünf Schmetterlinge zum Aufkleben.

Lesungen
1 Kor 13,4–8 a.13: Die Liebe hält allem stand. – Für jetzt bleiben Glaube, Hoffnung, Liebe.
Joh 15,9–12: Liebt, damit meine Freude in euch ist.

Ansprache

Diese fünf (die Fünf als Zahl des Lebendigen, der Hochzeit) Schmetterlinge (oder: diesen getöpferten Schmetterling) möchte ich Ihnen zur Erinnerung an diese Stunde schenken. Kleben Sie überall in der Wohnung Schmetterlinge auf, an den Küchenschrank, auf die Badewanne, auch auf Ihre Braut- bzw. Ehe-Kerze, in das geplante Kinderzimmer ..., bis einmal Ihre Kinder Sie wie wunderschöne Schmetterlinge umtanzen und Sie ihnen vom heutigen Tag erzählen können.
1. Sie fühlen sich doch jetzt wie Schmetterlinge? Es ist ja Hochzeit, Hoch-Zeit, Hohe Zeit! Da ist es leicht, in der Liebe über alle Zäune, Hecken und Abgründe hinwegzuschweben. Wir wünschen Ihnen, daß Sie lange aus dieser Kraft der Liebe leben und sich so beschwingt fühlen wie Schmetterlinge.
2. Aber die Erfahrung lehrt, irgendwann fallen Sie in den Zustand der Raupen zurück. Dann bewegen Sie sich mühsam wie auf Stummelfüßen im Staub der Verpflichtungen des Alltags, da krümmen Sie sich manchmal vor Schmerz in den Ent-

15

täuschungen der Tief-Zeiten. Aber Sie sind nicht zufällig hier vor dem Altar. Ich darf Sie auf die Speise der Schmetterlinge hinweisen, auf den Nektar, der uns als Christen auch im Raupen-Dasein angeboten wird: Früher wurde Säuglingen bei der Taufe etwas Honig in den Mund geträufelt. Das sollte bedeuten: Hier in der Kirche kannst Du Dir immer wieder den Nektar, den Honig des Wortes Gottes und des Brotes Gottes holen (das „Manna" in der Wüste schmeckte wie Honig, vgl. Ex 16,31). Jeden Sonntag sind Sie eingeladen, diese Stärkung auf Ihrem Weg zu empfangen. Und eben in der Lesung hörten wir noch von einem Nektar, der unsere Seele hochhalten kann; denn Paulus zählt im 1. Korintherbrief die göttlichen Tugenden auf: Für jetzt bleiben Glaube, Hoffnung, Liebe, diese drei; doch am größten ist die Liebe. Die *Liebe* führte Sie zusammen. Glaube und Liebe können verlorengehen, aber die *Hoffnung*, daß ein Neuanfang möglich ist, kann unerschütterlich sein. Der *Glaube* wird zuerst genannt. An einen Gott glauben, der auf krummen Zeilen gerade schreiben kann, einem Gott vertrauen in guten und bösen Tagen – so können Sie Berge versetzen! Wenn ich gleich um Ihre ineinandergelegten Hände diese Stola binde, dann soll das etwas von dem ausdrücken, was Glaube und Vertrauen meinen: Laßt Euch fallen in die Hände Gottes. In seinem Sohn geht ein Wegbegleiter mit, der Euch an Abgründen vorbei führen kann.

3. Der Schmetterling gilt seit altersher als Zeichen der Auferstehung. Wenn sich die Raupe verpuppt, dann glaubt jeder, der den Ablauf der Natur nicht kennt, daß sie jetzt tot ist. Aber wenn die Sonne lange genug darauf geschienen hat, vollzieht sich ein Wunder der Verwandlung. Aus der Raupe mit ihren Stummelfüßen ist ein Schmetterling geworden, der fliegen kann.

Wir glauben, daß die Sonne der Gerechtigkeit, Jesus Christus, durch seine Auferstehung und Barmherzigkeit auch uns aus unserem Raupendasein erretten kann. Wenn die Zeit zerbricht, wenn unsere Haut platzt, dann ist nicht alles aus, sondern dann fängt das Leben erst richtig an.

Aus dieser Aussicht heraus, liebes Brautpaar, läßt sich *jetzt* schon ganz anders leben. Auch wenn uns andere wegen unseres Glaubens für verrückt halten, aber diese Weitsicht verrückt eben alles, stellt menschliche Maßstäbe auf den Kopf und setzt ungeahnte Kräfte frei.

Sie sehen also, diese Schmetterlinge werden nicht nur Ihrem jetzigen Empfinden gerecht, sie umfassen auch die möglichen Tiefpunkte Ihres Lebens voller Ausblick auf Rettung. Und darum, meine ich, dürften sie gute Wegbegleiter für Ihre Ehe sein.

4.
Von der Treue und der Rettung

Trauansprache mit einem Ring

Vorbereitung
Die Ringe der Brautleute liegen auf dem Altar bereit.

Lesungen
Gen 2,18–25: Darum bindet sich der Mann an die Frau;
Hld 8,6–7: Leg mich wie ein Siegel auf dein Herz;
Mt 19,3–6: Was Gott verbunden hat, darf der Mensch nicht trennen;
Lk 15,11–24: Der barmherzige Vater, der dem wiedergefundenen Sohn den Ring an den Finger steckt;
Joh 15,9–12: Bleibt in meiner Liebe.

Ansprache

(Priester nimmt einen der Ringe der Brautleute)
Diesen Ring werden Sie in Ihrer Ehe tragen. Und wir wünschen Ihnen, daß er nicht langsam viereckig wird und an einen Boxring erinnert; so kantig und wie auf einem Kampfplatz soll es ja mitunter in mancher Ehe zugehen.

Wenn in Ihrem Miteinander Ihr Blick auf diesen Ring fällt, dann rufen Sie sich einen der folgenden Gedanken wieder ins Gedächtnis:

1. *Der Ring ist rund,* hat keinen Anfang und kein Ende und sagt damit aus: Wir versprechen uns *ewige* Treue. In der Antike und im Mittelalter wurde der Ring gebrochen, wenn die Liebenden für eine lange Zeit auseinandergehen mußten. Wenn nach vielen Jahren das Wiedererkennen nach Krieg, Gefangenschaft, Verschleppung ... schwer wurde, dann kam es

darauf an, daß die Bruchstellen ineinanderpaßten, und der Ring wurde wieder zusammengeschmiedet: Treue bis in den Tod. Der Ring ist Abbild des Kreises, der ein Symbol für Gott ist. Von Gott her können sie letztlich auch nur die Kraft und die Zuversicht nehmen, in guten und in bösen Tagen treu zu bleiben. Wir haben ja im Brautunterricht darüber gesprochen: Treue meint die Einheit nur mit dem Ehepartner, kein Dreiecksverhältnis, keine begrenzten Bedingungen. Sie versprachen die Treue bis in den Tod. Beim Segensgebet gleich über die Ringe heißt es: „Wie der Ring den Finger ganz umschließt, so umschließe das Band der Treue jene beiden, welche diese Ringe tragen. Darum bitten wir, Herr Jesus Christus, segne die Ringe und schütze diese Ehe vor allem, was sie je bedroht."

Wir haben Verständnis und Mitgefühl für die Ehen, die auseinanderbrechen, aber werfen Sie der Kirche nie Hartherzigkeit vor, wenn sie zu Lebzeiten des Ehepartners eine neue Ehe im Angesicht Gottes und der Gemeinschaft der Christen in der katholischen Kirche nicht möglich macht. Wir sehen in der Einheit und Unauflöslichkeit der Ehe ein Bild der Beziehung der unauflöslichen Liebe Gottes zu uns. Jesus sagt: „Was Gott verbunden hat, soll der Mensch nicht trennen." Die Kirche hat sich also an dieses Wort Gottes zu halten.

Ewige Treue heißt also: Ich meine dich ganz. Nicht eine Nacht oder den Sommer über. Nicht, bis es zu anstrengend oder zu langweilig wird. Treue in der Ehe meint den anderen ganz: Mit Freude und Trauer, mit Wünschen und Ängsten, mit Gaben und Fehlern.

Die letzten fünf Zeilen verkürzt nach dem Gedicht von Christa Peikert-Flaspöhler, Versprechen. (Hier kann auch etwas über Yin und Yang gesagt werden. Siehe in diesem Buch Seite 58.)

2. *Ein Rettungsring* hat auch die Form eines Ringes. Wenn Sie merken, daß Ihr Vertrauen zueinander gefährdet ist, wenn Dritte im Geheimen eine Rolle spielen oder die Gewohnheit Ihre Liebe erkalten läßt ..., dann halten Sie frühzeitig Ausschau, was Sie retten kann, z.B. zwischenmenschliche Bemühungen wie die Eheberatung. Kein Außenstehender kann Ihre Probleme lösen, aber er kann Sie auf Ursache und Wurzeln des Auseinanderdriftens aufmerksam machen ... Seien Sie nicht zu stolz, die Hilfe erfahrener Berater in Anspruch zu nehmen.

Es gibt auch göttliche Hilfe für das Gelingen Ihrer Ehe. Darum sind Sie hier. Wenn ich gleich die Stola um Ihre ineinandergelegten Hände lege, dann dürfen Sie darin auch so etwas wie einen Rettungsring sehen: Ihr Ja wird gebunden in die helfenden Hände Jesu Christi – *wenn* Sie die Verbindung mit ihm nicht aufgeben. „Bleibt in meiner Liebe! Wenn ihr meine Gebote haltet, bleibt ihr in meiner Liebe", sagt Jesus im Johannesevangelium (15,9f).

In der Kirche können wir Christus hautnah begegnen. In der Mitfeier der anderen Sakramente, besonders bei der Feier der heiligen Eucharistie, können Sie immer neu die Kraft zur Umkehr, zur Vergebung und zum Neuanfang holen. Sie sind bereitliegende Rettungsringe für jede Ehe!

3. *Der Ring der Vergebung.* Es gibt eine Stelle im Neuen Testament, da spielt der Ring eine befreiende Rolle: Der barmherzige Vater streift dem Sohn, der in die Irre gegangen und zurückgekehrt ist, einen Ring über den Finger, der aussagt: Du bist jetzt nicht als Sklave, du bist wieder als Sohn (oder Tochter) angenommen. Dieser Ring der Vergebung kann vielleicht später einmal Ihre Ehe retten, wenn wir die Barmherzigkeit Gottes, auf die wir angewiesen sind, weitergeben. Wir beten ja täglich: „Vergib uns unsere Schuld, wie auch wir vergeben *unseren* Schuldnern!" Dieser Vergebungswille des einen Partners soll natürlich den anderen nicht ermuntern, alle Gemeinsamkeiten zu verlassen. Sie sind sich der Treue des anderen jetzt ja auch ganz sicher. Aber schon das Wort „Verzeihung" ist die beste Münze im Haus, sagt ein chinesisches Sprichwort. Die tägliche Vergebung hält Sie zusammen!

Ihre Trauringe sind aus einem kostbaren Metall. Der Glanz des Edelmetalls kann uns an die Herrlichkeit des „siebten Himmels" erinnern, der Liebenden versprochen ist. Dieses Glück wünschen wir Ihnen für den gemeinsamen Weg!

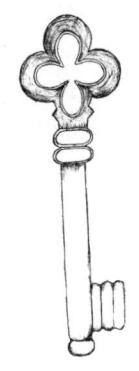

5.
Die Türen zum Herzen aufschließen

Trauansprache mit einem Schlüssel

Vorbereitung
Ein alter Schlüssel, mit Bronze oder Gold übersprüht, oder/und zwei sehr kleine Schlüssel, die später in den Schlüsselbund der Brautleute eingefügt werden können, ohne diesen groß zu belasten.

Lesungen
Eph 4,29–32; 5,1.2: Gute Ratschläge für Brautleute;
Kol 3,12–15: Ertragt einander und verzeiht einander;
Mt 7,24–27: Sein Leben, seine Ehe auf Felsgestein bauen.

Hinweis
Aus der Stoffsammlung bitte auswählen!

Ansprache

Diesen Schlüssel möchte ich Ihnen in Erinnerung an diese Stunde schenken. Es ist der Schlüssel zum Paradies in Ihrer Ehe; wenn Sie auch dieses Paradies nur ab und zu Sekunden spüren mögen! Sieben Gedanken möchte ich Ihnen mit auf den Weg geben.
1. Zunächst erinnere ich mich beim Wort Schlüssel an ein wunderschönes Liebesgedicht in mittelhochdeutscher Sprache, dessen Dichter nicht bekannt ist:

Du bist min, ich bin din: des solt du gewis sin.
du bist beslozzen in minem herzen:
verlorn ist daz slüzzelin: du muost immer drinne sin.
(Du bist mein, ich bin dein: dessen sollst du dir gewiß
sein.
Du bist eingeschlossen in meinem Herzen:
Verloren ist das Schlüsselchen: du mußt immer darin
bleiben.)
Ist hier die Liebe und das Verlangen nach ewiger Liebe nicht
zärtlich umschrieben?: Du sollst ewig in meiner Liebe eingeschlossen sein. Das ist eine Liebe, die nicht mit dem Tod endet.
2. In den Lesungen haben wir von der Liebe gehört, die alle
Türen öffnen kann. Dieser Universalschlüssel „Liebe" hat viele
Namen: Rücksicht, Anerkennung, Partnerschaft, Freude, Vergebung, Frieden, Aufmerksamkeit, Zärtlichkeit. Diese Liebe
ist im Alltag der Ehe entscheidend, wenn ich merke, daß Ge-
borgensein, Vertrauen, Trösten, Heilen, Befreien, Ausruhen im
guten Sinne jetzt nötig sind. Nur mit dem Schlüssel der Liebe
können Sie auch die letzte Tür des Lebens öffnen.
3. Dieser Schlüssel soll uns einen Moment zum „Danke sagen" anhalten – für alle „Schlüsselfiguren" in Ihrem Leben, die
in Ihnen etwas aufgeschlossen haben: die Eltern, Geschwister,
Freunde und Freundinnen, Erzieher und Erzieherinnen (vom
Kindergarten bis zur Ausbildung). Denken Sie einen Augenblick voller Dank an die „Schlüsselereignisse" in Ihrem Leben,
auch an den Moment, als Sie beide sich zum ersten Mal voll
Liebe angeschaut haben! Und für wen sind Sie Schlüssel?
Gleich heißt es: „Sind Sie beide bereit, als christliche Eheleute
Ihre Aufgaben in Ehe und Familie, in Kirche und Welt zu erfüllen?" Über die Ehe hinaus sind Sie Werkzeug in der Hand Gottes und seit der Taufe dazu berufen, die Herzen der Menschen
aufzuschließen – durch Freundlichkeit, Gastlichkeit, Mitarbeit.
(Hier kann konkret auf den Verein, die Bruderschaft etc. eingegangen werden, in denen man sich bisher engagierte.)
4. Jesus, in dessen Gegenwart wir uns hier versammelt haben, sagt uns: „Ich habe die Schlüssel zum Tod und zur Unter-
welt!" (Offb 1,18b). Jesus, der „Schlüssel Davids" (Offb 3,7), hat
uns mit seinem Schlüssel des Kreuzes den Himmel aufgeschlossen. In der Ehe verbinden Sie sich mit IHM zu einer Einheit, wenn gleich Ihre ineinandergelegten Hände von der Stola
umschlossen werden. Wenn Sie sich auf Ihrem gemeinsamen

Weg an IHN als Wegbegleiter halten, können Sie nicht in die Irre gehen; denn er hat uns gesagt: „Ich bin der Weg, die Wahrheit und das Leben." (Joh 14,6)

5. Es kann sein, daß Sie in den „Wirren" Ihrer Jugendzeit und in den Anforderungen Ihres Berufes etwas von diesem Jesus Christus „abgedriftet" sind. Wenn Sie IHN wieder besser kennenlernen wollen, dann darf ich Sie auf den Schlüssel zu Gott und Jesus Christus verweisen, auf das Buch der Bücher, die Hl. Schrift, die immer im Mittelpunkt unseres Wortgottesdienstes steht. Hier finden Sie Worte des Lebens, Schlüssel – auch wenn sie noch so klein erscheinen –, die geheime Türen im Miteinander, im Ringen und Reifen, in guten und bösen Tagen öffnen.

N. b.: Ich lade die Paare immer noch zum Gemeindegottesdienst an einem der folgenden Sonntage ein, damit auch die Gemeinschaft, vor der das Brautpaar ja eigentlich das Ja-Wort spricht, zur Kenntnis nimmt, wer in das Sakrament der Ehe eingetreten ist. Bei dieser Gelegenheit schenke ich den Neuvermählten im Namen der Gemeinde eine Bibel.

6. Es gibt noch einen „Zauberschlüssel", der die Höhen und Tiefen in unserem Leben begleiten kann: das Gebet. Ich meine dabei die Hingabe an Gott und seinen Sohn Jesus Christus, das vertrauensvolle Sich-fallen-Lassen in diese Hand Gottes. Sollten Sie einmal am Bett Ihres vielleicht todkranken Kindes sitzen und sich dann dieses „Zauberschlüssels" erinnern, werden Sie spüren, welche Kraft davon ausgehen kann. (Vergessen Sie ebenfalls nicht, aus welcher christlichen Konfession Sie auch kommen: Sie können *gemeinsam* beten, *da* gibt es keine Unterschiede. Dieser „Zauberschlüssel" Gebet ist auch das erste, das Sie an Ihr Kind einmal in der christlichen Erziehung weitergeben können.)

7. Den großen Schlüssel hängen Sie vielleicht an eine Stelle im Wohnzimmer gut sichtbar auf. Ich möchte jedem aber auch einen winzigen Schlüssel geben, den Sie an Ihren Schlüsselbund hängen können. Sie sehen, wie klein er ist, wie er ohne Fingerspitzengefühl aus der Hand fallen kann, und genau das meine ich: Nicht mit den großen Schlüsseln des Besitzes, der Macht, der Schönheit oder der Leistung können Sie in Krisenzeiten Ihre Ehe retten. Sie setzen damit sogar Ihren Partner unter Druck oder können Gefühle verletzen. Mit dem Schlüssel des Geldes öffnet sich offenbar jede Tür, nur nicht die Tür zum

Herzen. Darum brauchen Sie diese kleinen Schlüssel, die Herzenstüren öffnen können: die Zärtlichkeit, die kleine Aufmerksamkeit wie einen Blumenstrauß oder ein liebes Wort, z. B. „Ich liebe dich immer noch", „Ohne dich könnte ich mir das Leben nicht vorstellen ..." Diese Liebesworte im Alltag lassen Routine, Leere, Gleichgültigkeit usw. nicht so schnell aufkommen. (Siehe Kurzgeschichte „von der Rose": Die Bettlerin wurde acht Tage nicht mehr gesehen, weil der Dichter ihrem *Herzen* etwas geschenkt und nicht ein letztlich kaltes Geldstück auf die Hand gelegt hatte. Vgl. in diesem Buch die „Trauansprache mit einer Rose", Seite 12.)

Sie sehen, liebes Brautpaar, für Ihren gemeinsamen Weg habe ich Sie jetzt mit Schlüsseln versorgt. Vielleicht ist darunter auch der Schlüssel für die „Nebentür" in der Ehe, wenn Sie sich nicht mehr so recht durch das große Tor trauen. Das wünschen wir Ihnen von ganzem Herzen!

In der Geschichte „Die drei Schlüssel zum Himmel" (vgl. meine „Kurzgeschichten 3", Nr. 115) stehen noch Gedanken, die ich hier nicht verwendet habe: Wer dem Menschen in Not hilft, wer auch die Tiere als Brüder und Schwestern achtet, ja sogar Pflanzen und Blumen, dem öffnet sich (einmal) der Himmel. Vgl. in diesem Buch die Trauansprache mit einem Blumenstrauß: Von der Liebe, den Schlüsseln zum Himmel und der Treue, Seite 70.

6.
Vom Feuer, das nicht verlöschen darf

Trauansprache mit einer Braut- bzw. Ehekerze

Vorbereitung
Eine Ehekerze – wenn die Eheleute nicht eine eigene mitbringen.

Lesungen
Hld 8,6–7: Die Gluten der Liebe sind Feuergluten, gewaltige Flammen; auch mächtige Wasser können sie nicht löschen; Mt 5,14–16: Ihr seid das Licht der Welt.

Ansprache

Auf Ihre Brautkerze möchte ich zu sprechen kommen, weil sie uns so vieles zur Ehe sagen kann. Ich nenne sie Ehekerze, denn Sie *beide* müssen „brennen".
1. Die Ehekerze erinnert an Ihre Taufkerze. Als sie damals entzündet wurde, nahm Sie Jesus als Wegbegleiter an die Hand. Heute will er Sie bewußt ganz neu an die Hand nehmen, wenn er sagt: „Bleibt in meiner Liebe ..., damit meine Freude in euch ist!" (Joh 15,9.11.) Dann ist die Hochzeit viel länger eine Hoch-Zeit. Wenn ich gleich die Stola, die geschmückt ist mit dem Zeichen Christi, um Ihre Hände lege, dann wird diese Verbundenheit sichtbar.
2. Die Ehekerze kann Sie an Ihre Kommunionkerze erinnern. Es war wahrscheinlich ein schöner Tag in Ihrem jungen Leben – nicht nur wegen der Geschenke. Aber dann kam die Pubertät, die Ausbildung, Streß und Hetze. Viele sind da von der Kirche abgedriftet, auf „Tauchstation" gegangen. Jetzt stehen Sie an einem entscheidenden Neuanfang in Ihrem Leben.

Haben Sie eine Alternative zum Glauben und zur Kirche gefunden? Konnte irgend etwas die Sehnsucht Ihres Herzens stillen, wenn sie nicht begraben wurde von zuviel Bequemlichkeit oder Gleichgültigkeit? Heute steht das Angebot Gottes vor Ihnen, bewußt den Weg im Glauben zu gehen, mit Christus in Ihrer Mitte.

3. Diese Ehekerze lebt vom Licht der Osterkerze. Christus hat durch seinen Tod und seine Auferstehung ein Licht über alle Dunkelheit des Lebens gestellt. Von hierher können Sie Ihre Kerze immer wieder entzünden, wenn Zweifel, Angst oder Schicksalsschläge sie auslöschen. Sie sind als Mann und Frau aufgerufen, über Ihre Zweisamkeit hinaus Licht in Welt und Kirche zu bringen; denn Sie werden gleich mit Ja auf die Frage antworten: „Sind Sie beide bereit, als christliche Eheleute Ihre Aufgaben in Ehe und Familie, *in Kirche und Welt* zu erfüllen?" Wie es eben im Evangelium hieß: „Ihr seid das Licht der Welt!" (Mt 5,14)

4. Die Symbole auf der Ehekerze deuten Ihre Ehe aus: Das Kreuz geht durch die beiden Ringe. Ewige Treue – das sollen die Ringe sagen – kann menschliche Kräfte übersteigen. Im Kreuz aber kommt der Glaube hinzu, der Berge versetzen kann. Das Grün deutet auf die grüne Hochzeit, auf die Hoffnung. Glaube und Liebe können schwinden, die Hoffnung ist eigentlich nie unterzukriegen! (Auf manchen Kerzen finden sich noch andere Symbole. Aus dem Kreuz schlagen Äste und Blüten: Die Hoffnung schließt einen Neubeginn nie aus! – Die Taube als Friedenstaube: Frieden und Harmonie in der Ehe. – Die Taube mit Heiligenschein als Hl. Geist: Erfülle uns mit Heiligem Geist, der Gesinnung deines Sohnes).

5. Sie sehen, Ihre Ehekerze leuchtet und wärmt. Dabei verzehrt sie sich. Wer im Dienen und in der Demut den anderen höher stellt als sich selbst, verzehrt sich dabei, verbraucht sich, doch wenn der Partner in derselben Haltung zurückschenkt, entsteht der Raum, in dem der „siebte Himmel", von dem Sie träumen, möglich wird. Die „Goldene Regel" lautet: „Alles, was du von dem anderen erwartest, das tue (zuerst) auch ihm!" (Mt 7,12)

6. Schauen Sie in die Flamme Ihrer Ehekerze. Da brennt das Feuer der Liebe, das – wie wir eben in der Lesung hörten – durch mächtige Wasser nicht zu löschen ist. – Die Flamme erinnert auch an den brennenden Dornbusch, der brannte und

doch nicht verbrannte, und aus dem Gott seinen Namen preisgab: „Ich bin der, der für euch da ist." (Ex 3,14) Sie dürfen sich in guten und bösen Tagen immer an diesen Namen erinnern. Im Glauben an diese Nähe Gottes läßt es sich leichter leben.

7. Siebtens und letztens erinnert diese Flamme der Ehekerze an die Feuerzungen des Hl. Geistes. Wir brauchen Sie als Eheleute nicht nur heute in der Kirche, sondern immer: Als begeist-erte Christen, nicht langweilig und ohne Temperament, sondern als Mann und Frau, die „Feuer und Flamme" sind. Dann bleibt die „Stadt auf dem Berge" nicht verborgen (Mt 5,14). Dann sind wir auch sicher, daß Ihre Kinder einmal ihre Kerzen an Ihrem Licht entzünden können und auch die Welt heller machen.

Vielleicht entzünden Sie diese Kerze an Ihren Hochzeitstagen in Erinnerung an diese Stunde. Daß sie Licht und Wärme in Ihre Ehe bringt – das wünschen wir Ihnen!

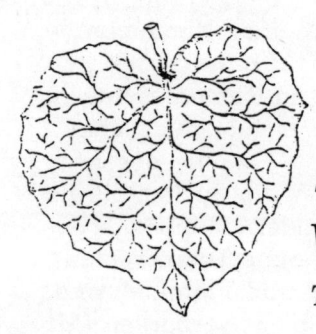

7.
Verbunden bleiben

Trauansprache mit einem Baumblatt

Vorbereitung
Ein getöpfertes Baumblatt (Kastanie, Ahorn; Eiche usw.) oder ein eingefaßtes Blatt als Lesezeichen.

Lesungen
Röm 12,9–18: Das richtige Miteinander;
Kol 3,12–15: Die Liebe hält alles zusammen;
1 Petr 3,8–15 a: Aufruf zur Eintracht und zum richtigen Verhalten;
Joh 15,1–5.9–12: Getrennt von mir könnt ihr nichts vollbringen.

Ansprache

Dieses getöpferte kleine Kunstwerk möchte ich Ihnen als Erinnerung an diesen Tag schenken. Vielleicht hängen Sie es gut sichtbar in Ihrer Wohnung auf. Und wenn Ihr Blick darauf fällt oder Besuch Sie fragt, dann rufen Sie sich einen der folgenden Gedanken wieder ins Bewußtsein:
  1. Das Bild zeigt nur ein einziges Blatt. Kleiner, bestaunenswerter Ausschnitt aus dem Wunder der Natur. Jedes Blatt unverwechselbar anders – wie auch jeder Mensch am Baum der Menschheit unter Milliarden eine eigene Schöpfung ist. Jedes Blatt am Baum ist kostbar – wir lernen es heutzutage wieder richtig schätzen.
  2. Das Blatt braucht den Ast und den Stamm, um leben zu können. Auch Sie, liebes Brautpaar, konnten nur aus dem Ast der Eltern und Großeltern heraus wachsen. Darum hier ein herzliches Danke an alle, die Ihnen das Leben geschenkt haben, die Sie

28

wachsen und reifen ließen, und vor allem, die Ihnen die Liebe ins Herz gegeben haben: sie hat Sie hier zusammengeführt.

3. Der Ast und der Stamm brauchen die Blätter, um leben zu können. Kinder ohne Kontakt zu ihren Eltern sind „arm", und Ehepaare ohne Kinder bleiben auch „arm". Kinder sind Zeichen der Hoffnung, denn sie bedeuten Zukunft. Aber auch die Beziehung zu alten Menschen macht uns reicher.

4. Eine der Fragen nach der Bereitschaft zur christlichen Ehe wird gleich lauten: „Sind Sie beide bereit, als christliche Eheleute Ihre Aufgaben in Ehe und Familie, in Kirche und Welt zu erfüllen?" Der Baum, der auf die Blätter angewiesen ist, um leben zu können, meint also nicht nur die Familie und die ganze Verwandtschaft, er meint auch Staat und Kirche. So wie jedes Blatt durch einen geheimnisvollen Umwandlungsprozeß Sauerstoff ausatmet und Menschen und Tiere nicht ersticken läßt, so brauchen Staat und Kirche gesunde Zellen und Blätter, d.h. intakte Familien. In der Kirche bekommen wir es in der Inschrift eines Kreuzes gesagt, an dem Jesus nach einem Bombenangriff ohne Hände und Füße hing: „Ich habe keine Hände mehr: Ihr seid jetzt meine Hände, die ihr den anderen Menschen reichen sollt. Ich habe keine Füße mehr: Ihr seid jetzt meine Füße." Oder anders ausgedrückt: Wir Blätter am Stamm der Kirche, dem fortlebenden Christus, sind die einzige Bibel, die heute noch in der Öffentlichkeit gelesen wird. Auch Sie sind eingeladen, für frischen Sauerstoff, für eine gesunde Atmosphäre in der Kirche zu sorgen. Wir sind auf Sie angewiesen. Dürre Äste atmen nicht mehr.

5. Was Baum und Blätter, Blätter und Baum zusammenhält, ist der Saft, im übertragenen Sinne die Liebe. Eben in der Lesung hörten wir Einzelheiten dieser Liebe: Sie zeigt Erbarmen, Güte, Demut, Geduld. Sie vergibt, erträgt, sucht Frieden, ist dankbar (vgl. Kol 3,12–15). Das Evangelium vom Gleichnis des Weinstocks und der Reben sagte uns, woher diese Liebe kommt: „Wer in mir bleibt und in wem ich bleibe, der bringt reiche Frucht; denn getrennt von mir könnt ihr (in den Augen Gottes) nichts vollbringen" (Joh 15,5). Mit diesem Quell der Liebe, mit Christus, will ich Sie gleich in der Trauungszeremonie verbinden, wenn ich Ihre ineinandergelegten Hände mit der Stola umwickle. Aus dieser Verbindung können Sie in guten und bösen Tagen immer wieder neue Kraft schöpfen – wie ein Blatt am Baum.

Wir alle wünschen Ihnen, daß Sie ein Leben lang den Wunsch Jesu erfüllen können, den er in seinen Abschiedsreden äußerte: „Bleibt in meiner Liebe!" (Joh 15,9)

8.
Lebendige Steine sein

Trauansprache mit einem Ziegelstein

Vorbereitung
Ein Ziegelstein, an dem eine Ecke abgeschlagen ist – als Geschenk eingepackt.

Lesungen
1 Kor 13,4–8 a: Die Liebe hält allem stand;
Kol 3,12–15: Die Liebe hält alles zusammen;
1 Petr 2,5–10: Laßt euch als lebendige Steine zu einem geistigen Haus aufbauen;
Joh 15,1–5: Mit Jesus verbunden bleiben.

Ansprache

Beim Brautgespräch (evtl. andere Gelegenheit nennen) habe ich erfahren, daß Sie ein Haus bauen (wollen). Dazu will ich mit diesem Geschenk hier einen kleinen Beitrag leisten (jetzt langsam auspacken und die Reaktion der Anwesenden abwarten). Vielleicht können Sie diesen Stein irgendwo einbauen oder besonders herausstellen, weil er ein besonderer Stein für Sie werden wird; vor allem schon deshalb, weil er Sie immer an den Tag Ihrer Hochzeit erinnern wird. Unter dem Sinnbild dieses Backsteins darf ich Ihnen ein paar Gedanken mitgeben:

1. *Wie ein Ziegelstein.* Wenn der Bau Ihres „Nestes" für die ganze Ehe gelingen soll, dann müssen Sie die Eigenschaften dieses Ziegelsteines haben. Der Klumpen Ton mußte zuerst geformt werden – wie Sie durch manche „Kneterei" Ihrer Elternhäuser und Schuljahre hindurch mußten oder jetzt in der „Tretmühle" von Beruf und Alltag stehen. Dann ging dieser

Stein durchs Feuer – wie Sie auch hoffentlich schon gehärtet wurden in Prüfungen, Krankheit und Auseinandersetzungen. Jetzt kann dieser Stein erst passend in den Bau eingefügt werden – wie auch Sie nur in die „Gebäude" Ihrer Nachbarschaft, Ihres Freundeskreises, Ihrer Gemeinde eingefügt werden können, wenn Sie geformt und gefestigt wurden.

2. *Eine Ecke ab*". Sehen Sie, an dieser Stelle habe ich eine kleine Ecke abgeschlagen. Im Prozeß des hautnahen Miteinanders haben Sie schon oder werden Sie noch beim Partner manche Fehler oder Eigenheiten entdecken, zu denen Sie spöttisch sagen könnten, „in dem Punkt hast du wirklich ‚eine Ecke' ab". Die fehlende „Ecke" könnte aber auch eine Behinderung sein, die sich nach einem Unfall oder Schicksalsschlag einstellen kann. Ist es entscheidend, wenn so eine „Ecke" fehlt? Die Antwort eines Baumeisters: Mit dem Mörtel der Liebe kann ich alle Mängel ausfüllen. Der Mörtel der Liebe kann alles ausgleichen, darum bleibt die Liebe das Wichtigste auf Ihrem gemeinsamen Weg. Eben in der Lesung haben wir gehört, was sie vermag: „Vor allem aber liebt einander, denn die Liebe hält alles zusammen." (Kol 3,14) (Oder 1 Kor 13: „Die Liebe erträgt alles ... hält allem stand" = Vers 7.) Erinnern wir uns an eine Stelle aus dem Neuen Testament. Da heißt es von Jesus: „Der Stein, den die Bauleute verworfen haben – so unbrauchbar schien er – er ist zum Eckstein geworden!" (Mt 21,42) Dazu möchte ich noch den dritten Punkt anfügen.

3. *Lebendige Steine* im Bau der Kirche. Dieser Eckstein Jesus Christus kann uns als Steine alle halten, gleich wie einer sich fühlt oder „wie viele Ecken er abhat". Von IHM lassen Sie sich ja auch halten, denn gleich umschlinge ich Ihre ineinandergelegten Hände mit dieser Stola hier, die gezeichnet ist mit dem Symbol Christi. Aber das darf nicht heißen: Jesus ja – Kirche nein. Denn auch die Kirche – Sie beide und ich sind ja auch Kirche – braucht jeden lebendigen Stein, um heute in der Welt glaubwürdiger zu werden. So schrieb der hl. Petrus den zerstreuten Christen im nördlichen und westlichen Kleinasien: „Laßt euch als lebendige Steine zu einem geistigen Haus aufbauen." Und dort, wo Sie sich nicht einfügen lassen, da klafft eine Lücke, durch die Kälte und Regen eine Menge Unheil stiften können – aber das wissen Sie ja als Fachleute im Hausbau.

Nehmen Sie diesen Stein als Andenken mit. Und jetzt in der Trauungszeremonie darf ich Sie ganz eng mit dem Eckstein Christi verbinden, von dem es eben im Evangelium hieß: „Wer in mir bleibt und in wem ich bleibe, der bringt reiche Frucht; denn getrennt von mir könnt ihr (in den Augen Gottes) nichts vollbringen!" (Joh 15,5).

Vgl. dazu die Kurzgeschichte Nr. 78 „Die Lücke" in meinem Buch „Kurzgeschichten 3, 244 Kurzgeschichten für Gottesdienst, Schule und Gruppe", Grünewald ³1989.

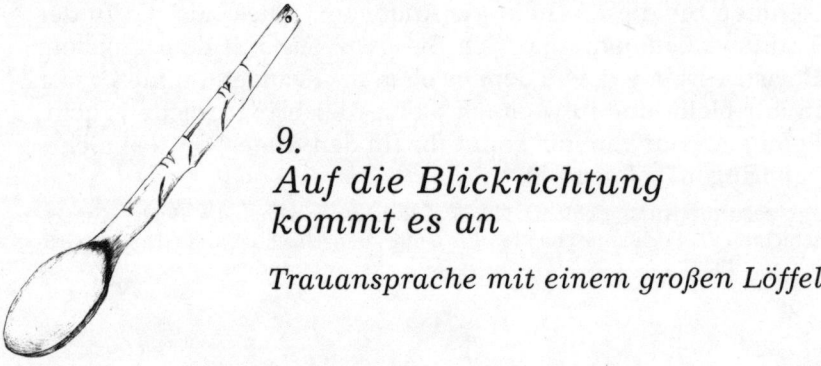

9.
Auf die Blickrichtung kommt es an

Trauansprache mit einem großen Löffel

Vorbereitung
Ein größerer (Holz-)Löffel oder eine Gabel, wie sie in der Geschenkbranche als Wandschmuck angeboten werden.

Lesungen
Röm 13,8–10: Die Liebe schuldet ihr einander immer;
Eph 4,29–32; 5,1.2: Liebt einander;
Kol 3,12–15: Ertragt und verzeiht einander;
1 Thess 5,15–18: Richtig miteinander umgehen;
Joh 15,9–12: Bleibt in meiner Liebe.

Ansprache

Diesen Löffel möchte ich Ihnen als Erinnerung an diesen Tag mit auf Ihren gemeinsamen Weg geben. Hängen Sie ihn gut sichtbar in Ihrer Wohnung auf. Er soll natürlich nicht als Handwerkszeug bei ehelichen Auseinandersetzungen dienen, schon gar nicht, um später Kinder damit zur Vernunft zu bringen. Nein, wenn Ihr Blick darauf fällt, können Sie sich fragen: Ist unsere Ehe eine Reise in den Himmel oder in die Hölle geworden? Was ich damit meine, kann folgende Geschichte aufschlüsseln:
Da war nämlich ein Mann, der hätte gerne einmal gesehen, wie es im Himmel und wie es in der Hölle ausschaut. Und Gott gewährte ihm die Bitte, so erzählt die Geschichte. Zunächst sah er – betrachten Sie das Folgende natürlich nur als Gleichnis – in der Hölle einen großen Raum, in dessen Mitte ein riesiger Topf mit den köstlichsten Speisen stand. Rundum saßen

Leute mit riesig langen Löffeln. Denken Sie sich diesen Löffel noch 1 m länger! Alle hatten einen unersättlichen Hunger, den Hunger nach Liebe, den wir alle verspüren. Aber da jeder nur an sich dachte und sich den eigenen Bauch vollschlagen wollte, konnte das bei diesen langen Löffeln nicht gelingen. Die Atmosphäre bei diesen immerwährenden vergeblichen Versuchen war tödlich: eisiges Schweigen.

Wenn Sie sich also einmal tagelang mit eisigem Schweigen bestrafen wollen, so wissen Sie jetzt, daß dies der Weg zur „Hölle" sein kann.

Im Himmel waren die äußeren Bedingungen gleich. Wieder der unersättliche Hunger nach Liebe, wieder die langen Löffel und die herrlichen Speisen. Aber hier herrschte eine gelöste, fröhliche Atmosphäre. Hier wurde jeder satt. Wieso? Sie hatten herausgefunden: Mit den langen Löffeln gelang das Essen nur, wenn ihn jeder dem anderen hinhielt! Im gegenseitigen Anreichen war es möglich. Was meinen Sie, wieviel Spaß es gäbe, wenn Sie es heute bei der Hochzeitstafel ausprobieren könnten!

Auf den Blick kommt es also an! Die kleine Änderung in der Blickrichtung entscheidet über Himmel und Hölle – auch in der Ehe.

Wenn Sie also hierher gekommen sind, um in dieser Ehe glücklich zu *werden,* dann bleibt noch Zeit, Ihre Einstellung zu ändern. Wenn Sie aber hierher gekommen sind, um den anderen glücklich zu *machen,* kann eine gute Ehe gelingen. So steht es doch schon im Poesiealbum:

> Willst du glücklich sein im Leben,
> trage bei zu anderer Glück.
> Denn die Freude, die wir geben,
> kehrt ins eigene Herz zurück.

Oder: Der Weg zu sich selbst führt nur über den anderen Menschen.

Oder: Am Du kommt der Mensch zum Ich.

Wenn Sie schon – mit dem Löffel in der Hand – die richtige Blickrichtung auf das Du des anderen haben, dann darf ich Sie bitten, noch ein wenig weiterzusehen. Im Du des anderen können wir ja auch Gott begegnen, und nicht nur in diesem anderen! Sie werden sicherlich einmal Ihrem Kind die Geschichte vom heiligen Martin erzählen: Er sah im Traum, daß der geteilte halbe Mantel nicht vom Bettler getragen wurde, sondern von Christus selbst. „Was ihr einem meiner geringsten Brüder und Schwestern getan habt, das habt ihr mir getan!" (Mt 25,40). Aus diesem Blick lebt auch Mutter Teresa in Kalkutta oder Schwester Emmanuelle unter den Müllmenschen in Kairo. Sie holen sich die Kraft im eucharistischen Brot – Jesus im Brot – und gehen dann hinaus in die Slums, um hier Christus in den sterbenden und abgeschriebenen Menschen zu dienen.

Jetzt sind wir ganz nahe am Geheimnis der sakramentalen Ehe: *Sie* spenden *einander* das Sakrament der Ehe; ich bin nur der Vertreter der christlichen Gemeinschaft, gleichsam fast nur kirchlicher Standesbeamter. Sie begegnen im anderen Christus selbst. Und jedesmal, wenn Sie einander begegnen, lieben, verzeihen, dann erneuert sich das Sakrament; genauso ein Sakrament, als wenn Sie zur hl. Kommunion oder zur Beichte gehen, um Christi Nähe dort zu erfahren. Wir können also die Größe des Ehesakramentes kaum erfassen. Täten wir es, wie müßte dann jede Begegnung ausfallen, wo ich im anderen Christus berühre! Wir wünschen Ihnen den Blick für diese tägliche Begegnung mit Christus in Ihrer Ehe!

Gleich können Sie dieses Geheimnis im Sinnbild erkennen: Diese Stola, die geschmückt ist mit dem Zeichen Christi, umschließt Ihre ineinandergelegten Hände. Sie stehen im Bund mit Jesus Christus, aus dem Sie Kraft schöpfen können zum richtigen Miteinander – solange Sie mit ihm verbunden sein wollen.

Diesen Löffel möchte ich Ihnen mit auf den Weg geben, damit er Sie immer wieder an die Blickrichtung erinnert, die allein glücklich macht und Ihnen helfen kann, daß der „Himmel" in Ihrer Ehe spürbar wird.

10.
Vom Licht für die Welt

Trauansprache mit einer Kerze, die drei Dochte hat

Vorbereitung
Eine Kerze mit drei Dochten.

Lesungen
1 Joh 2,7–11: Das Gebot der Liebe bringt Licht in die Finsternis;
Mt 5,14–16: Ihr seid das Licht der Welt.

Ansprache

Zum Andenken an diese Hoch-Zeits-Stunde möchte ich Ihnen diese Kerze mit drei Dochten schenken und damit auch die Predigt verbinden. Vielleicht entzünden Sie an Ihren Hochzeitstagen in den nächsten Jahren diese Dochte und erinnern sich an heute und an das, was ich jetzt sage ...

Zunächst ist wichtig, wieviel „Wachs" jeder in die Ehekerze einbringt, damit die drei Dochte einen Vorrat an Kraft haben. Damit meine ich nicht so sehr das Ersparte und Ihre Talente, sondern in erster Linie Ihre Kraft zu lieben. Hierhin gehört sicherlich auch ein Dankeschön an alle, die diese Liebe in Ihre Herzen gepflanzt haben.

1. Der erste Docht heißt „Ich sage ja zu mir". Sie bringen sich selbst ganz in diese Ehe ein mit all Ihren Fähigkeiten und Begabungen. Sie sind auch bereit zu brennen, d.h. sich hinzugeben, um Wärme und Licht zu geben und Orientierung in manchem Dunkel. Die Ehe hat gute Voraussetzungen, wenn Sie sich so verschenken wollen. Und alle in Ihrer Umgebung bekommen etwas von dem Licht und der Liebe mit. Sie können das erst, wenn Sie ja sagen zu sich, so wie Sie sind.

2. Der zweite Docht heißt „Ich sage ja zu dir" als wechselseitige Zusage. Denn der andere muß ebenso bereit sein, sich hinzugeben – bedingungslos. Wer sich schonen will, wer sich ein Hintertürchen offenhält, wird nie die wirkliche Freiheit in der Ehe spüren können; eine richtig verstandene Freiheit, die auch den anderen befreit und sich entfalten läßt; die auch damit lebt, daß der Docht des anderen schon mal rußen darf.

Wenn nun diese beiden Dochte „Ich sage ja zu mir" und „Ich sage ja zu dir" entzündet sind, brennt die Kerze allerdings krumm und schief ab. Am hellsten und wärmsten brennt sie, wenn alle drei Dochte brennen!

3. Der dritte Docht heißt „Ich sage ja zu Gott". Sie sind hier vor Gottes Angesicht gekommen, um diesen dritten Docht jetzt zu entzünden. Erst mit diesem Ja gegenüber Gott und der Gemeinschaft der Kirche, erst mit dem Entzünden des dritten Dochtes beginnt Ihre Ehe auch in den Augen und unter dem Segen Gottes. –

Manchmal sehe ich in den Wohnungen den Spruch hängen:
„Wenn du denkst, es geht nicht mehr,
kommt von irgendwo ein Lichtlein her!"
Dieses Wort „irgendwo" darf ich genauer benennen: Von Gott fließt Ihnen neue Hoffnung, neues Vertrauen und neue Liebe für Ihre Ehe zu, wenn Sie ihn in Ihrer Mitte lebendig sein lassen. Er ist ja unser Schöpfer und Erlöser. Er kann Sie halten in guten und bösen Tagen. Das sagt auch diese Stola hier aus, die geschmückt ist mit dem Zeichen Christi und die ich gleich fest um Ihre Hände lege.

So wünschen wir Ihnen für Ihren gemeinsamen Weg, daß alle drei Dochte gleichmäßig brennen, damit Sie unsere Welt heller und wärmer machen und in diesem Lichte auch Ihre Kinder einmal geborgen aufwachsen können. Sie haben es ja im Evangelium gehört: Sie sind Licht für die Welt. Und wenn auch keine Stadt auf dem Berge, dann wenigstens ein hell erleuchtetes Fenster, aus dem freundliches Licht auf die Straße fällt.

Sehr verkürzt und verändert nach Rainer Korte, Die Gotteskerze in: Lieselotte Bindels / Rainer Korte, Symbolgeschichten für junge Leute, Don Bosco Verlag, München 1988, S. 68 f.

11.
Vom Wein in den Krügen

Trauansprache mit einem „Ehekrug"

Vorbereitung
Ein getöpferter, schöner Krug oder – wie in der Ansprache er-
wähnt – zwei kleinere Krüge als „Lebenskrüge"; dazwischen
der größere „Ehekrug". Einen kleinen „Ehekrug" bekommen
die Brautleute zur Erinnerung geschenkt.

Lesung
Joh 2,1–11: Die Hochzeit von Kana.

Ansprache

Bei einer Hochzeit (!) macht Jesus den Anfang seiner Zeichen.
Dabei war von Wasserkrügen im Evangelium die Rede, die bis
zum Rand gefüllt wurden und deren Wasser in Wein verwandelt
wurde. Krüge sehen Sie auch hier vorne:
  Die beiden kleinen sollen Ihre Lebenskrüge darstellen, liebes Brautpaar, deren Inhalt Sie jetzt auf dem gemeinsamen
Weg in den größeren Ehekrug hineingießen, denn all Ihre
Kräfte und Eigenschaften sollen in der Ehe ja zur untrennba-
ren Einheit verbunden werden. Und woraus sollten Ihre Kinder einmal trinken, wenn Sie all Ihre Liebesfähigkeit jetzt
nicht einbringen!?
  Darunter verstehe ich nicht Ihre Aussteuer und gesparten
Voraussetzungen. Da erlebe ich zu oft, wie erstaunlich schnell
Ehekrüge zerbrechen und beide Eheleute über den Scherbenhaufen nachdenken. Nein, unter Liebesfähigkeit verstehe ich
Ihre Fähigkeit, sich selbst mit Ihren Vor- und Nachteilen anzu-
nehmen, d. h. das wichtige Selbstwertgefühl mitzubringen; Vertrauen zum Partner zu haben; Ihre Bereitwilligkeit, sich vom

anderen verwandeln zu lassen; Ihre Fähigkeit, sich schnell zu versöhnen; Ihre Zärtlichkeit, Verantwortlichkeit, Ihre Träume und Hoffnungen. Wichtig ist, den Vorgang zu beobachten: Sie nehmen nichts, Sie geben alles in den gemeinsamen Krug. Wenn Sie also hierher gekommen sind, um in dieser Ehe glücklich zu werden, dann stimmt die Richtung nicht. Im Ehekrug verdunstet nur dann nicht der Wein, wenn Sie glücklich machen *wollen;* wenn Sie verschenken wollen! Es können natürlich Tage kommen, wo *einer* von Ihnen im Tief einer Krankheit oder Prüfung oder Krise immer wieder aus dem gemeinsamen Ehekrug trinken muß. Aber auf Dauer darf nicht immer nur einer trinken wollen, denn gelebte Partnerschaft besteht aus Geben und Nehmen, Nehmen und Geben!

Es können aber auch Tage auf sie warten, an denen Ihrem Ehekrug einmal der Wein der Freude und des Glücks ausgeht oder zu saurem Essig verdirbt. Wenn Sie zum Beispiel sagen müssen: „Wir haben keinen Wein mehr!", dann machen Sie es wie die Diener im Evangelium. Füllt Euren Ehekrug bis zum Rand mit Wasser – mit Tränen und Ängsten, mit Enttäuschungen und Leid, mit Sprachlosigkeit und Traurigkeit. Und nun folgt der Grund, warum Sie vor Gottes Angesicht Ihr Jawort sprechen. Nicht so sehr, weil es hier in der schönen Kirche mit Orgel, dem Blumenschmuck, den Ministranten usw. festlicher wird, sondern weil Jesus Christus, der Wasser in Wein verwandelt, Dauergast in Ihrer Ehe bleiben will. Ja, im Kraftfeld der Ehe will Jesus mit Ihnen sein. Von IHM wissen wir ja, daß er durch Leid zum Heil gelangte. Wir glauben, daß er auf krummen Zeilen gerade schreiben kann. Er verwandelt auch heute Wasser in Wein!

Mit Jesus, so wünschen wir Ihnen, wird dann in einigen Jahren der Wein in Ihrem Ehekrug zwar nicht so feurig und brausend sein wie jetzt, dafür aber reifer, klarer, stärker und köstlicher.

Zum Andenken an diese Stunde schenke ich Ihnen diesen kleinen Ehekrug. Vielleicht füllen Sie ihn an den Jahrestagen Ihrer Hochzeit mit Wein, trinken gemeinsam daraus und denken dabei zurück und nach vorne. Oder Sie stellen ab und zu ein paar frische Blumen in diesen Krug.

Die Predigt, die Sie gerade gehört haben, stecke ich gerollt in den Krug, damit Sie sie in stillen Stunden einmal nachlesen können. Und jetzt sind wir gespannt auf Ihr Jawort!

12.
Von Gott gehalten

Trauansprache mit einer Schallplatte

Vorbereitung
Ein kleiner Stift, der eine Schallplatte hält, und eine Schallplatte (Single), auf der ein Lied (vom Schlager bis zur Arie) Entscheidendes über die Liebe aufzeigt. – In manchen Diözesen hat auch der Bischof eine Platte für Brautpaare (Goldhochzeitler) besprochen, die als Geschenk überreicht wird.

Lesungen
1 Joh 4,16 b–21: Wer in der Liebe bleibt, der bleibt in Gott;
Mt 22,35–40 (ähnlich Mk 12,28 b–31 und Lk 10,25–27): Vom Hauptgebot;
Joh 15,1–5: Bleibt in mir, dann bleibe ich in euch (Weinstock-Reben);
Joh 15,9–12: Bleibt in meiner Liebe.

Ansprache

Diese Schallplatte (jetzt genauere Angaben machen) möchte ich Ihnen zur Erinnerung an diese Stunde schenken. Wenn Sie sie später einmal zu besonderen Zeiten anhören, dann denken Sie auch ein wenig an das, was ich jetzt dazu sage:
  1. Meist hat so eine Schallplatte eine Seite, die Sie besonders gern hören, nennen wir sie die „A-Seite", die Seite mit dem Hit. Wenn ich diese Platte einmal auf Sie als Mensch deuten darf, dann ist Ihre „A-Seite" die Seite der Nächstenliebe. Ob Sie in Ihrer Ehe glücklich werden können, hängt weitgehend davon ab, ob Sie seit Ihrer Kindheit gelernt haben, den Blick für den anderen zu schärfen; zu sehen, wenn er Hilfe

braucht, ein gutes Wort, eine „Streicheleinheit". „Dies ist mein Gebot: Liebt einander, so wie ich euch geliebt habe", heißt es im Johannesevangelium (15,12). Die Freude (nicht nur in der Ehe) fängt in dem Augenblick an, in dem wir die Suche nach dem eigenen Glück aufgeben und versuchen, dem anderen Glück zu schenken. Der Weg zu einer erfüllten Liebe führt nur über den anderen Menschen – auch im Alltag der Arbeit.

2. Die „B-Seite" der Schallplatte, die selten ein Hit wird, heißt: Liebe dich selbst! Im Hauptgebot, das wir eben gehört haben, kommt sie nur sehr kurz vor, und sie ist in der Verkündigung der Kirche oft genug unter den Tisch gefallen: „Liebe deinen Nächsten *wie dich selbst!"* Diese Selbstliebe ist kein Egoismus, sondern Grundbedingung für jede wirkliche Liebe. Ich muß zunächst ja zu mir sagen, so wie ich bin, zu meinem Aussehen, zu meinen Vor- und Nachteilen. Wenn ich mich nicht selbst liebe, kann ich auch den anderen nicht richtig lieben, dann klammere ich mich nur an ihn, und er muß mich mitschleppen. An der Überforderung durch den Partner sterben heute viele Ehen. Jede dritte wird aus diesem Grunde nach zwanzig Jahren geschieden. Der Grund lautet: „Ich habe es satt, neben den Kindern, die aus dem Hause gehen, auch noch den Partner (fast immer den männlichen!) tragen zu müssen. Und weil noch die Hälfte des Lebens vor mir liegt, mache ich Schluß!"

Die Eheberatung kann ein Lied davon singen, wie wichtig diese Selbstliebe ist. Mangelndes Selbstwertgefühl ist die Ursache für fast alle Krisen in der Ehe. Wer z.B. mit Einsamkeit nicht fertig wird, wird auch nicht als wirklicher Partner in einer Zweisamkeit leben können. Solange einer nein zu sich selbst und seiner Situation sagt, kann er auch nicht umfassend ja zu Gott sagen. Die Selbstliebe ist also Vorbedingung für Nächsten- und Gottesliebe. Sei also wirklich der, der du bist, und keine schlechte Kopie irgendeines Stars. Oder wie es in einem Gedicht heißt:

„Sag ja zu dir, so wie du bist.
Nur wer barmherzig mit sich ist,
ist's auch zum andern neben sich.
...
Entdecke dich und deinen Wert.
Nur wer die eigenen Gaben ehrt,
ehrt auch den anderen neben sich.

...
Vergib dir Fehler und Fragment.
Nur wer die eignen Grenzen kennt,
vergibt dem andern neben sich.
Gott will, daß du ihn liebst wie dich ..."

(Detlev Block, In deinen Schutz genommen. Geistliche Lieder, Verlag Vandenhoeck & Ruprecht, Göttingen 1980).

3. Aber wo bleibt die Gottesliebe, die Jesus im Hauptgebot an erster Stelle nennt, da jetzt schon beide Seiten der Platte vergeben sind!? Die Liebe zu Gott ist dieser kleine Stift hier, der die Schallplatte hält, ihr Dreh- und Angelpunkt. Dieser Stift ist leicht zu übersehen, gerade in unserer mittlerweile fast unchristlichen und unreligiösen Welt. Wenn aber dieser Stift die Schallplatte nicht ausrichtet, dann leiern beide Seiten, Nächstenliebe und Selbstliebe.

Das schwierige Wort „Religion" heißt übersetzt: Sich binden an einen, sich halten lassen von einem ganz anderen. Ich vertraue auf Gott, aus dessen Liebe ich letztlich komme und in die ich einmal wieder eintauche.

Darum sind Sie nach dem Standesamt auch noch hier vor den Altar und das Kreuz getreten, um Ihre Liebe einzubinden in die Liebe Gottes. Gleich bei der Trauung wird das augenfällig: Sie legen Ihre Hände ineinander, und ich umschlinge sie mit der Stola, dem Zeichen für die Liebe Gottes und die seines Sohnes, damit Ihre Liebe gehalten ist von der Liebe Gottes. „Bleibt in meiner Liebe", haben wir eben im Evangelium gehört (Joh 15,9 b). „Das sage ich euch", fährt Jesus fort, „damit meine Freude in euch ist und damit eure Freude vollkommen wird." (Joh 15,11) So von Gottes Liebe gehalten, kann Ihre Liebe in guten und in bösen Tagen gelingen.

Wir wünschen Ihnen nicht nur Freude beim Hören dieser Platte, sondern auch bei Ihrem Ja zu sich selbst, zum Partner und zu Gott, damit Ihre Ehe ein Fest wird!

13.
Bekleidet euch
mit Geduld! (Kol 3, 12)

Trauansprache mit einem Schneckenhaus

Vorbereitung
Ein schönes Schneckenhaus oder ein Foto, Bild desselben ...

Lesung
Kol 3,12–14 (–17): Bekleidet euch mit Erbarmen, Güte, Demut, Milde, Geduld.

Hinweis
Wie fast immer: Bitte auswählen!

Ansprache

Es gibt nicht wenige Eheleute, die sagen: „Das Wichtigste in der Ehe ist, miteinander Geduld zu haben!"
1. Deshalb habe ich Ihnen als kleines Geschenk dieses schöne Haus einer Schnecke als Sinnbild mitgebracht. Sie kommt mit Geduld ans Ziel. Sie hetzt nicht. Sie nimmt sich nicht zuviel vor. Sie wird deshalb nicht von Unzufriedenheit geplagt. Bei ihr kann die Seele immer nachkommen. Ihr geht das „Schneckentempo" nicht auf die Nerven.
Wenn Eheleute heute oft über den Tod ihrer Gefühle klagen, liegt hier nicht eine der Ursachen? Zu wenig Zeit füreinander; zu wenig Hören aufeinander; zu wenig Geduld, die Gefühle des anderen verstehen zu wollen; oder zu wenig Verständnis für den Kopf, die „Logik" des anderen aufzubringen. Paulus sagt uns in der Lesung: „Bekleidet euch mit aufrichtigem Erbarmen, mit Güte und Milde. Ertragt euch gegenseitig." Ich schreibe darüber: Habt dabei miteinander Geduld!

2. Die Schnecke kann uns noch mehr aus der Lesung nahebringen. Schauen Sie das Haus genau an! Ist es nicht ein kleines Kunstwerk? Wie entsteht so etwas – millionenfach? Und kein Haus gleicht dem anderen! Sehe ich noch diese Herrlichkeiten am Wege? Kann ich noch staunen über die grenzenlose Phantasie Gottes? Wenn ich so ein kleines Wunder gedankenlos zertreten würde, kann ich dann für das große Glück, das Sie erhoffen, fähig sein? Wieviel mehr Phantasie hat Gott bei der Krone seiner Schöpfung, dem Menschen, verwandt! Wir sind viel mehr wert als abertausend Schneckenhäuser (oder Spatzen, vgl. Mt 10,31)! Paulus sagt: „Ihr seid von Gott geliebt" (Kol 3,12). Das dürfen wir uns an einem Tag wie heute vor Augen halten. Wir sind von Gott geliebt, seine kostbarste Schöpfung, seine Ebenbilder. Die Liebe, die Sie füreinander empfinden, kommt letztlich aus seiner Liebe.

3. Die Schnecke zeigt Gefühle, so darf ich im übertragenen Sinne sagen. Wenn ich ihr zu nahe komme, zieht sie sich ängstlich in ihr Schneckenhaus zurück. Ich kann auf den Gefühlen des Partners herumtrampeln, ihn „zur Schnecke" machen; aber darf ich das, wenn die Seele des anderen dabei zu Schaden kommt?

Die Schnecke sieht die Welt von unten. Das darf ich deuten: Sie will nicht herrschen, sondern dienen. Wenn Paulus in der Lesung sagt: „Bekleidet euch mit Demut", dann ist auch hier die Haltung angedeutet, die befreien kann. Demut heißt nämlich übersetzt „Mut zum Dienen". Wenn diese Haltung von Ihnen versucht wird, dann braucht sich keiner ins Schneckenhaus zu verkriechen – mißtrauisch, übervorsichtig oder ängstlich.

4. Die Schnecke lebt anspruchslos, „alternativ" würden wir heute sagen. Alles, was sie zum Leben nötig hat, trägt sie bei sich. Und wir denken mit Beklemmung an einen Umzug! Wer anspruchslos lebt, lebt wesentlicher. Die tausend Dinge, die wir glauben besitzen zu müssen, fordern, daß wir sie anschaffen, bezahlen können, pflegen, verwalten, absichern. Sie rauben uns kostbare Zeit. Lassen sie uns aber mehr leben? Bei einer Party würden ein Getränk und Brot genügen, um gastfreundlich zu sein. Weil aber tausend Kleinigkeiten hinzukommen, die unsere Aufmerksamkeit beanspruchen, kommen wir nicht dazu, dem Gast wirklich zu begegnen. „Marta, Marta", sagte Jesus, „du machst dir viele Sorgen und Mühen, aber nur

eines ist notwendig!" (Lk 10,41 f.) Nicht, als ob die liebevolle Sorge um das Wohl der Gäste überflüssig wäre, aber sie darf nicht so übertrieben sein, daß ich für das Wesentliche keine Zeit und Ruhe mehr finde, nämlich dem anderen zu begegnen. So stehen auch junge Eheleute in der Gefahr, unter dem Druck (der Hypotheken und) des Aufbaues ihrer Lebensexistenz einander zu vernachlässigen, einander nicht mehr richtig zu begegnen.

„Mit wie wenig komme ich aus!" sagt Ihnen dieses Schneckenhaus, wenn sie es als Andenken an diese Stunde auf Ihren Schrank im Wohnzimmer legen und Ihr Blick es streift.

5. Auf dem Schneckenhaus können Sie eine wundervolle Spirale entdecken. Sie läuft von innen nach außen oder von außen nach innen. Morgens kann sie sagen: Lebe den Tag aus deiner Mitte heraus! Und wenn wir in den täglichen Verpflichtungen unterzugehen drohen, kann sie uns beim Heimkommen sagen: Reise wieder nach innen, finde deine Mitte!

Unsere Mitte finden heißt zu sich selbst ja sagen, so wie wir sind. Denn dann erst kann ich auch zum anderen ja sagen, so wie er ist. Dann kann ich auch ja sagen zu Gott, der unsere eigentliche Mitte ist; der die Liebe ist. Wenn Paulus also sagt „Vor allem aber liebt einander, denn die Liebe ist das Band, das alles zusammenhält und vollkommen macht" (Kol 3,14), dann kommt das gerade im Sakrament der Ehe auf den Punkt: Die Liebe hält alles umfangen!

Gleich bei der Trauung wird dies sinnbildlich deutlich. Ihre beiden Hände liegen ineinander, Zeichen Ihrer Liebe, und die Stola als Zeichen der Liebe Christi, der Liebe Gottes, umfängt und hält Ihre Liebe. Die Liebe ist also wirklich das Band, das alles zusammenhält und vollkommen macht.

6. Noch ein Gedanke zum Schluß: Manchmal ist eine Schnecke auf Grabsteinen als Zeichen der Auferstehung zu sehen. Das hängt damit zusammen, daß die Schnecke im Frühjahr das feste Häutchen vor dem Eingang ihres Gehäuses sprengt und zu neuem Leben erwacht. Wir möchten an einem Tag wie heute nicht an den Tod erinnert werden, aber wenn Ihre Liebe den Winter oder die Kälte einer Enttäuschung, eines Treuebruches, eines Schicksalsschlages durchmachen muß, dann wünschen wir Ihnen immer wieder den Frühling einer gereifteren Liebe. Oft genug gehört dazu, was Paulus aufzählt: „Vergebt einander, wenn einer dem anderen etwas vorzuwer-

fen hat. Wie der Herr euch vergeben hat, so vergebt auch ihr!"
(Kol 3,13)

So kann dieses Schneckenhaus Sie an Wichtiges auf Ihrem gemeinsamen Weg erinnern! Ich schenke es Ihnen zur Erinnerung an diese Stunde.

14.
Versöhnung über dem gemeinsamen Weg

Trauansprache mit einem getöpferten Regenbogen

Vorbereitung
Ein getöpferter Regenbogen für das Brautpaar mit den Farben
von außen nach innen: Rot, Orange, Gelb, Grün, Blau, Indigo,
Lila.

Lesungen
Gen 9,12–17: Der Regenbogen als Zeichen des neuen Bundes
mit Gott und als Symbol der Versöhnung;
Eph 4,29–32: Vergebt einander, weil auch Gott euch durch Christus vergeben hat;
Kol 3,12–17: Wie der Herr euch vergeben hat, so vergebt auch
ihr;
Mt 18,21 f.: Von der Pflicht zur Vergebung.

Ansprache

In Erinnerung an diese Stunde möchte ich Ihnen diesen schönen getöpferten Regenbogen schenken. Der Regenbogen ist
das Zeichen für die Versöhnung Gottes mit den Menschen, wie
wir eben in der Lesung gehört haben. Er ist das Symbol für Versöhnung schlechthin. „Weil Gott uns in Christus vergibt, sollen
auch wir immer wieder einander vergeben", heißt es im Epheserbrief (4,32). Vielleicht hängen Sie diesen Regenbogen über
die Tür zum Wohnzimmer, weil hier ja wahrscheinlich die intensivsten Rededuelle ausgetragen werden.
   In den einzelnen Farben des Regenbogens sagt uns dieses
Symbol der Versöhnung noch mehr über eine glückliche Ehe
aus:

1. Da ist zunächst ganz außen die Farbe Rot: Rot ist die Farbe der Liebe. Im Kolosserbrief schreibt Paulus: „Vor allem aber liebt einander, denn die Liebe ist das Band, das alles zusammenhält und vollkommen macht!" (Kol 3,14) Wenn gleich das Band der Stola, die geschmückt ist mit dem Zeichen Jesu Christi, um Ihre Hände gelegt wird, dann fließt hier die Liebe ineinander, Ihrer beider Liebe und die Liebe Gottes, die alles umfängt; die Liebe Gottes, aus der Ihre Liebe hervorgeht und in die sie zurückfließt. Von dieser beiderseitigen Liebe heißt es in einem Buch des Alten Testamentes: „Stark wie der Tod ist die Liebe ... Ihre Gluten sind Feuersgluten, gewaltige Flammen. Auch mächtige Wasser können die Liebe nicht löschen; auch Ströme schwemmen sie nicht weg. Böte einer für die Liebe den ganzen Reichtum seines Hauses, nur verachten würde man ihn." (Hohelied 8,6f.) Und im Hohelied bei Paulus heißt es: „Die Liebe erträgt alles, glaubt alles, hofft alles, hält allem stand." (1 Kor 13,7) Die Liebe hört niemals auf, sie ist größer noch als Glaube und Hoffnung, diese Funken aus dem Feuer und der Fülle Gottes.

2. Dann folgt die Farbe Orange. Ich denke dabei an Sonnenuntergang, Urlaub und Freizeit. Wenn eine Ehe gelingen soll, muß es auch Zeiten der Entspannung für jeden Partner geben. Die Stille und die Erholung schärfen unsere Sinne wieder für das geduldige Zuhören und für die Wunder am Wege. Wer nur verplant ist, nur Geld machen muß, sich in Hektik und Streß verliert, braucht sich nicht zu wundern, wenn die Seele langsam stirbt und er blind und taub wird für die „Herztöne" des anderen.

3. Es folgt die gelbe Farbe. Sie steht für die strahlende Sonne, die manche Wolken der Traurigkeit und des Schmerzes, die aufziehen können, verdunsten läßt – durch die Heiterkeit und Freude, durch anerkennende Worte und Herzlichkeit. Die Sonne ist auch das Symbol für Gott. Wir wünschen Ihnen, daß Sie in Ihrer Ehe die Sonne seiner Güte und Nähe immer spüren können. An allem in der Welt dürfen Sie zweifeln, am Staat und an der Kirche, an Ihrer Treue und an Ihren zukünftigen Kindern, aber nie an der Barmherzigkeit Gottes.

4. Die nächste Farbe ist grün, die Farbe der Hoffnung. Sie ist die „kleine Schwester" unter den drei göttlichen Tugenden Glaube, Hoffnung und Liebe. Glaube kann sich in Zweifel verwandeln, Liebe in Haß – hoffentlich nie in Gleichgültigkeit –,

die Hoffnung aber geht nicht zugrunde: Die Hoffnung auf einen neuen Anfang, auf einen Ausweg aus der Sackgasse einer Beziehung oder Krankheit. Wir wünschen Ihnen diese unbezwingbare Hoffnung!

5. Die blaue Farbe erinnert uns an den wolkenlosen Himmel. Sie erträumen sich für Ihren gemeinsamen Weg etwas Himmel auf Erden. Vielleicht spüren Sie sogar hin und wieder etwas vom „siebten Himmel": Ein paar Sekunden Paradies, dieses wortlose Sich-Verstehen, das Ineinander-Versinken, die grenzenlose Geborgenheit.

6. Dann folgt die Farbe Indigo, ein dunkleres Blau. Sie bedeutet Treue und Glauben. Treue zählt heute nicht mehr viel, und weil sie mißbraucht werden kann, wird sie immer seltener bedingungslos gelebt. Treue in guten und in bösen Tagen „bis der Tod euch scheidet" mag ja auch die menschlichen Kräfte übersteigen. Aber was an Kräften fehlt, will uns das Vertrauen auf Gott schenken. Dieser Glaube kann tragen, über Wasser gehen lassen, Berge versetzen. Darum sind Sie ja hierhin vor den Altar gekommen, um mit diesem Vertrauen auf Gottes Hilfe den gemeinsamen Weg in Treue zu gehen.

7. Zuletzt die violette Farbe. Wir kennen sie als kirchliche Farbe aus der Advents- und Fastenzeit und vom Bußsakrament. Sie spricht vom Wartenkönnen, der Geduld und Umkehr, vom Vergeben und Versöhnen. Hier schließt sich der Kreis der sieben Farben. Die Bedeutung mündet wieder in das, was ich zu Anfang zum Regenbogen insgesamt, zum Zeichen der Versöhnung gesagt habe. „Das Wort ‚Verzeihung' ist die beste Münze im Haus," heißt ein chinesisches Sprichwort. Im Vaterunser beten wir es so oft: „Vergib uns unsere Schuld, wie auch wir vergeben unseren Schuldigern." Da Gott uns immer wieder vergibt, darf unsere Vergebung auch nie begrenzt sein.

Sie wissen, wie ein Regenbogen entsteht: Wasser trifft auf Sonne. Wenn die Sonne Ihrer Liebe einen kalten Wasserguß erhält, dann halten Sie die Verzeihung bereit. Unter dem Regenbogen der Versöhnung wachsen Sie dann noch mehr zusammen. Das wünschen wir Ihnen für jeden Tag Ihres gemeinsamen Weges!

15.
Vom Reibungsprozeß und der Sehnsucht nach mehr

Trauansprache
mit einem abgerundeten Stein

Vorbereitung
Ein großer, abgerundeter Stein aus einem Bachbett.

Lesungen
Eph 4,29–32; 5,1.2: Gute Ratschläge für Brautleute;
Kol 3,12–15: Ertragt einander und verzeiht einander;
Mt 7,24–27: Sein Leben, seine Ehe auf Felsgestein bauen.

Ansprache

Zur Erinnerung an diese Stunde möchte ich Ihnen etwas schenken, das ich während meines Urlaubs in einem Gebirgsbach gesucht habe, diesen runden Stein hier! Sie dürfen ihn jedem drohend entgegenhalten, der einmal in Ihre Ehe einbrechen will. Sie können ihn natürlich auch dekorativ ins Blumenfenster, im Heim oder Garten einbauen. Jedenfalls, wenn ihr Blick auf ihn fällt, dann erinnern Sie sich an folgende drei Gedanken.

1. Als dieser Stein hoch oben im Gebirge abbrach, da war er scharfkantig und verletzend. Die Schmelzwasser haben ihn einem zermürbenden Prozeß unterworfen. Wie oft mag er vor Schmerz „geschrien" haben, wenn er auf andere Steine polterte, eine Ecke abbrach und er so nach und nach geschliffen wurde. Und jetzt sehen Sie: Er ist rundum so abgeschliffen, daß sich niemand mehr an ihm verletzen kann.

Ein Bild für Sie. Auch Sie sind lebenslang diesem Prozeß unterworfen. Jeder hat seine Ecken und Kanten. Und wahrscheinlich haben Sie schon erfahren, wie schmerzhaft es ist, im ständigen Miteinander verletzende Ecken abzuschleifen. Und so wird es auch in der Ehe bleiben. Es werden immer wieder scharfe Kanten zu spüren sein. Da helfen keine falschen Kompromisse, sondern nur die Bereitschaft, immer wieder aufeinander zuzugehen und im Miteinander die Probleme zu lösen. Diesen schön abgerundeten Stein hier also als Erinnerung: Wir reiben uns weiter aneinander in Liebe, bis wir ein Fahrwasser erreichen, in dem wir mehr zueinander passen und uns weniger aneinanderreiben, weil unsere gröbsten Ecken beseitigt sind.

2. Die äußere Form dieses Steines entspricht im Groben dem Symbol vieler Religionen und Völker. Auch das chinesische Zeichen Yang-Yin spielt hier mithinein (siehe Zeichnung): Symbol der liebenden Verbindung, des Aktiven und Passiven, der Harmonie zwischen Himmel und Erde, die nur *gemeinsam* gefunden werden kann. Beide werden nur im Nehmen und Geben und im Geben und Nehmen zur Einheit miteinander. In dieser runden Einheit gibt es aber auch eine Stelle, die über beide hinausgeht. Es ist die Sehnsucht, sich über den Partner hinaus noch von einem Anderen tragen zu lassen. Diesen Anderen nennen wir „Gott".

Religion heißt nichts anderes als „sich binden an den ganz Anderen". Sie werden es merken. Selbst wenn sie beide eine noch so harmonische Einheit würden, genügt und befriedigt Sie es nicht gänzlich. Dem Menschen ist noch eine Sehnsucht nach etwas ganz anderem in die Seele gegeben. Und wer dieser Sehnsucht keinen Raum gibt, der verfällt in Süchte. Sucht ist umgekehrte Sehnsucht. Zu diesen Süchten brauche ich nicht viel zu sagen. Sie wissen selbst, wie viele verkehrte Sehnsüchte es gibt, die den Menschen verkümmern lassen. Diese Sehnsucht nach dem ganz Anderen müssen auch Ihre Kinder einmal an Ihnen entdecken, wenn sie nicht mit einer Leere ganz tief innen groß werden sollen.

An einer Stelle in der Literatur habe ich diese Sehnsucht, die über die Partner hinausgeht, noch anders formuliert gefunden. Da heißt es: „Die menschlich Liebenden müssen in der großen Liebe des Erbarmers gegründet sein." Das Wort „Erbarmer, Erbarmen" hat es mir angetan. Schon das Wort „Verzeihung" ist die beste Münze im Haus, wie ein chinesisches Sprichwort weiß. Die Hl. Schrift wird noch deutlicher: „Wie oft muß ich meinem Bruder vergeben?" fragt Petrus. Und der Herr gibt zur

Antwort: „Nicht siebenmal, sondern siebenundsiebzigmal!"
(Mt 18,22) Also immer, wenn der andere zum „Stein des Ansto-
ßes" geworden ist. Wenn Sie die Kraft zur Vergebung immer
wieder aufbringen, die Sie empfangen können aus dem unend-
lichen Erbarmen Gottes zu uns Menschen, dann brauchen wir
keine Angst um Ihren gemeinsamen Weg zu haben.
(Sollte der zweite Gedanke zu schwer verständlich erscheinen, böte sich folgende *Alternative* an: Werft in Eurer Ehe
keine Steine aufeinander, auch nicht auf dritte. Versucht zuei-
nanderzustehen, selbst wenn der andere einmal unbegreiflich
in seiner Reaktion ist. Denn Jesus hält uns den Satz entgegen:
„Wer von euch ohne Sünde ist, werfe als erster einen Stein!"
(Joh 8,7).)
3. Ein kluger Mann baut sein Haus auf harten Stein, damit
es in den Lebensstürmen nicht einstürzt – so hörten wir im
Evangelium. Wenn Sie also Ihre Ehe auf Felsgestein gründen,
das heißt, die Worte Jesu beherzigen und verwirklichen, dann
stehen Sie felsenfest zueinander in guten und in bösen Tagen.
Wie sehr Christus Sie schützen will, das wird auch jetzt deutlich in der Trauungszeremonie. Um Ihre ineinandergelegten
Hände wickle ich diese Stola – Symbol für Christus –, damit
Ihre Liebe allen Angriffen des Bösen standhalten kann. Solange Sie IHN in Ihrem Bunde den Ersten sein lassen, können
Sie in „Gesundheit und Krankheit" mit seiner Hilfe und Stärkung rechnen.

Diese drei Gedanken mögen Ihnen in den Sinn kommen, wenn
Ihr Blick auf diesen Stein fällt oder wenn Sie an dem Gewächs
herumzupfen, das demnächst vielleicht darüber rankt. Und
dieser feinleuchtende Glimmer des Steines möge wie Sterne
aus dem „siebten Himmel" sein, den wir Ihnen alle hier für Ihren gemeinsamen Weg wünschen!

16.
Von der Versöhnung

Trauansprache mit einem Sprungseilchen

Vorbereitung
Ein Sprungseilchen, wie sie in Sportgeschäften angeboten werden, in das ein Knoten geschlungen wurde.

Lesungen
Eph 4,29–32; 5,1–2: Gute Ratschläge für Brautleute;
Kol 3,12–15: Ertragt einander und verzeiht einander;
1 Petr 3,8–15 a: Aufruf zur Eintracht und zu richtigem Verhalten;
Mt 5,23–26: Versöhne dich zuerst;
Mt 18,21–22: Siebenundsiebzigmal vergeben.

Ansprache

Das Wort „Verzeihung" ist die beste Münze im Haus, sagt ein Sprichwort aus China. Darum möchte ich Ihnen dieses Sprungseilchen als Andenken an diese Stunde mit in die Ehe geben. Vielleicht hängen Sie es irgendwo solange sichtbar auf, bis Ihr erstes Kind damit springen kann, denn dann haben Sie die schwierigste Phase Ihrer Ehe hinter sich, die heute nicht mehr im „verflixten siebten Jahr" stattfindet, sondern – statistisch gesehen – im vierten Jahr Ihrer Ehe.
Sie sehen, dieses Seilchen hat einen Knoten, Symbol für die Probleme, die auch in Ihrer Ehe auf Sie warten. Wie kann eine Auseinandersetzung, ja ein Streit zwischen Ihnen so gelöst werden, daß das Problem Sie nicht trennt, sondern stärker miteinander verbindet?
Eine Lösung zeigte uns Nikolaus von der Flüe, der Schweizer

Nationalheilige, der ein solches Seil den zerstrittenen Eidgenossen vorhielt und fragte: „Wie kann ich diesen Knoten lösen? Indem jeder von seiner Seite aus zieht? Dann verhärtet er sich! Indem einer nachgibt, der andere aber weiterhin zieht? Auch dann bleibt der Knoten, wird das Problem nicht gelöst! Es gibt nur einen Weg: Beide Seiten müssen ihre Unversöhnlichkeit aufgeben, die Köpfe zusammenstecken und mit vereinten Kräften, auch im Gespräch, den Knoten aufknibbeln." Betrachten wir den Vorgang genauer.

1. Wie uns in den Lesungen eingeschärft wurde: Ein Miteinander ist nur möglich, wenn die Worte „Entschuldige bitte!", „Verzeih mir!", „Komm, wir vertragen uns wieder!" keine leeren Worte sind. Wenn Sie Ihre seelischen Saiten nicht verzerren wollen, dann sprechen Sie vor der Nacht ein Wort der Versöhnung. So lassen wir den anderen über das Seil springen!

2. Eine Versöhnung ist nur möglich, wenn sich zwei „erwachsene" Partner gegenüberstehen. Damit meine ich, jeder von Ihnen muß soweit reifen, daß er ja zu sich selbst sagen kann, so wie er ist – mit seinen Talenten wie auch Unzulänglichkeiten. Mangelndes Selbstwertbewußtsein eines Partners kann Ursache für eine Ehekrise sein. Die Eheberater zeigen klar auf: Wer in eine Ehe geht mit überzogenen Forderungen an den anderen, der fesselt ihn nur an sich oder zurrt ihn zumindest sehr fest. Erst wer ja zu sich selbst sagt, kann zum Anderen mit seinen Vor- und Nachteilen ja sagen. Nur der ist auch bereit zur befreienden Versöhnung, weil er zu wirklichen Kompromissen fähig ist.

3. Nikolaus von der Flüe hat mit seinen Worten überhaupt nichts Neues gesagt, und es ist verwunderlich, daß er mit dieser Predigt die zerstrittenen Eidgenossen vom Bürgerkrieg abhalten konnte. Wer sich aber in sein Leben vertieft, kann nachlesen, daß er all seine Worte und Taten mit Beten und Fasten begleitete. Auch das möchte ich an Sie weitergeben. Das Wichtigste in unserem Leben muß nicht nur erarbeitet werden, wenn es Bestand haben soll, es muß auch erlitten und im Gebet begleitet werden. Wenn Sie Augen für diesen Hintergrund haben, dann stehen Ihr Miteinander und Ihre Versöhnung auf festen Füßen.

Gleich bei der Trauung lege ich so eine Art Seil um Ihre Hände. „Seil" ist zu eng ausgedrückt, die Stola hier ist schon etwas breiter. Ich binde gewissermaßen Ihre ineinandergelegten

Hände mit diesem Zeichen, das für Christus steht, fest. Er ist der Erste in Ihrem Bunde, Ihr Schöpfer und Erlöser, der Sie halten will in guten und bösen Tagen, in Gesundheit und Krankheit. Wenn Sie im Denken, Handeln und Gebet mit IHM verbunden bleiben, bin ich voller Optimismus für das Gelingen Ihres gemeinsamen Weges. Und ich freue mich, wenn ich mit diesem Seilchen Ihr Kind einmal springen sehen darf. Mit einem Seilchen ohne zu viele Knoten!

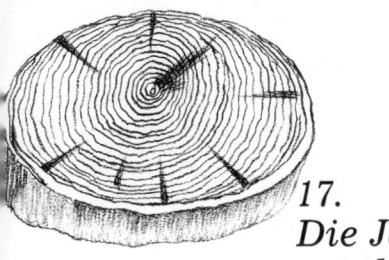

17.
Die Jahresringe
um die „Mitte" legen

Trauansprache mit einer Baumscheibe

Vorbereitung
Der Prediger zeigt den wirkungsvollen Querschnitt eines Baumstammes. Zwei kleinere gibt er als Gläserunterlage den Jubilaren als Geschenk mit.

Lesungen
1 Kor 13,4–8.13: Es bleiben Glaube, Hoffnung und Liebe!
Mt 7,24–27: Baut euer Haus auf Felsen!
Joh 15,9–12: Bleibt in meiner Liebe!

Vorbemerkung
Diese Predigt ist für eine Silberhochzeit geschrieben. Sie zeigt, wie leicht auch die anderen Predigten dieses Buches auf Gold- oder Silberhochzeiten umformuliert werden können.

Ansprache

(Der Prediger hält die Baumscheibe gut sichtbar während der ganzen Predigt.) Vor uns liegt die Geschichte dieses Baumes. Das Ereignis eines jeden Jahres ist ablesbar. Es gab sehr feuchte Sommer; dann sind die Abstände zwischen den einzelnen Jahresringen größer. Manche Sommer waren so trocken, daß die Ringe kaum auseinanderliegen. Fachleute können an den Jahresringen die Sonneneinstrahlung ablesen.

Diese Baumscheibe soll Anlaß sein, über die vergangenen 25 Jahre Ihrer Ehe nachzudenken.

Hier müßten jetzt konkrete Einzelheiten aufgezählt werden, die die Zeiten mit viel oder auch wenig „Sonnenschein" veranschaulichen.

In guten und in bösen Tagen blieben die Hoffnung und die Liebe, die Sie zusammengehalten haben. Vor allem die Liebe. Sie ist entscheidend: So wie am Baum die äußerste hauchdünne Schicht unter der Rinde, das sogenannte Kambium, immer wieder den neuen Jahresring bilden muß, so war es Ihre Liebe, die immer wieder das Neue und Überraschende des Lebens aufnehmen und verarbeiten mußte. Und was gab es nicht alles an Ereignissen, wie viele Stunden dauerten die Gespräche!

An dieser Baumscheibe gibt es auch knorrige Stellen; ja, an einer Stelle ist sogar ein Spalt, der tief in die Jahresringe hineinreicht (auf Krankheiten und persönliche Schicksalsschläge deuten). Aber immer war es die Liebe, die Sie auch das verkraften ließ, und die Hoffnung auf bessere Tage.

Ich möchte noch einen Gesichtspunkt Ihrer Ehe an dieser Baumscheibe aufzeigen. Die mittleren harten Ringe sind der Halt und das Rückgrat des Baumes. Sie sind nicht starr, sonst würde der Baum im Sturm abbrechen. Ich darf diese inneren Ringe auf Ihren Glauben an Gott deuten. Religion heißt „sich binden an einen". Ihr christlicher Glaube gab Ihnen in diesen 25 Jahren Halt. Das Sakrament der Ehe will sagen: Wir beide haben uns an Gott festgebunden. Wenn Sie glaubten, es ginge nicht mehr weiter, dann stand da aber die Einsicht, der Partner ist mir auch von Gott geschenkt worden. Meist gibt Gott zu einer Aufgabe auch die nötigen Kräfte. Wenn heute viele Ehepartner noch diesen Blick hätten und dieses Angebot Gottes, mitzutragen, annahmen, wurden heutzutage nicht so viele „Ehe-Bäume" abbrechen.

Jedenfalls wünschen wir alle hier, daß Sie auch für den kommenden Abschnitt Ihrer Ehe Ihre Jahresringe um die Mitte, um Gott, legen. Dann wird kein Lebenssturm sie wegfegen können.

Glaube, Hoffnung und Liebe: drei Gaben aus der Fülle Gottes. Mit diesen göttlichen Kräften mögen Ihnen noch viele Jahresringe gelingen!

Nehmen Sie bitte diese beiden kleinen Baumscheiben als Andenken mit in den Alltag Ihrer Ehe. Ungefähr 25 Jahresringe kann ich zählen. In guten und in bösen Tagen sollen sie Sie zu Hause daran erinnern, was heute im Mittelpunkt dieser Predigt stand. Vielleicht stellen Sie an Ihren Hochzeitstagen ein Glas mit funkelndem Wein darauf. Es kann helfen, das vergangene Jahr im „würdigen Rahmen" zu bedenken und voller Hoffnung auf das neue Ausschau zu halten.

18.
Die Ehe – nicht fertig zu kaufen

Trauansprache mit Blumen- und Getreidesamen

Vorbereitung
Ein Zellophantütchen mit Blumen- (u.a. auch Sonnenblumenkerne und Gänseblümchen) und Getreidesamen. Die Kurzgeschichte in der Ansprache haben wir auf dickes, grünes Papier
mit Pfarreikopf drucken lassen – im längs halbierten DIN A 4
Format. Auf der Rückseite, auf der zunächst der Text weiter-
geht, kann im unteren Drittel das Samentütchen geklebt werden.

Lesungen
1 Kor 13,4–8 a.13: Vom Hohenlied der Liebe;
Kol 3,12–15: Die Liebe hält alles zusammen;
1 Joh 4,16 b–19: Wer in der Liebe bleibt, der bleibt in Gott;
Mt 5,14–16: Ihr seid das Licht der Welt;
Joh 15,1–5: Bleibt in mir, dann bleibe ich in euch.

Ansprache

Ein junges Brautpaar hatte einen Traum:
Es betrat einen Laden. Hinter der Ladentheke stand ein En-
gel. Hastig fragten die beiden ihn:
„Was verkaufen Sie, mein Herr?"
Der Engel gab ihnen freundlich Antwort: „Alles, was Sie wol-
len!"
Da sagte das Brautpaar wie aus der Pistole geschossen:
„Dann hätten wir gerne: Glück und Harmonie für unsere
Ehe;
– Gesundheit und ein gutes Auskommen;

– einen festen Glauben an Gott, den Ersten in unserem
Bunde;
– die feste Bereitschaft, immer miteinander zu reden und zu
verzeihen;
– genügend Zeit und Nerven, um unseren Kindern gerecht
zu werden, wenn wir sie geschenkt bekommen."
Die Braut gab dem Bräutigam einen Rippenstoß ...
„Ach ja: das Ende der Kriege in der Welt und in den Häusern;
– die Beseitigung der Elendsviertel, nah und fern;
– Ausbildungsplätze für Jugendliche und, und ..."
Da fiel ihm der Engel ins Wort und sagte: „Entschuldigen Sie,
liebes Brautpaar, Sie haben mich verkehrt verstanden. Wir verkaufen hier keine Früchte, wir verkaufen nur den Samen!"
Deshalb schenke ich Ihnen zum Beginn Ihrer Ehe Blumen-
und Getreidesamen zum Einsäen. Zur Erinnerung. Zum Zeichen! Haben Sie Freude daran, wenn der Same sprießt drau-
ßen und in Ihnen. Denn wir alle brauchen Wachstum im
Glauben, im Hoffen, in der Liebe, damit die Freude am gemeinsamen Fest anhält. (Soweit der Text auf dem kleinen Geschenk.)
Wir betrachten das Samentütchen etwas genauer. Wir sehen
Getreidekörner, also *Brotsamen:* Wir brauchen das lebensnotwendige Brot. Weil uns nun hierzulande aber alle Nahrung fertig verpackt im Einkaufskorb liegt, darf ich noch auf eine
weitere Bedeutung hinweisen. Die Körner müssen viele Verwandlungen durchmachen, bevor sie als Brot auf dem Tisch liegen: Zunächst sterben sie, um in der Ähre neu aufzuerstehen.
Dann werden sie in der Mühle zerrieben, und schließlich wird
das Mehl in der Hitze des Ofens gebacken. Die Verwandlungen
gehen weiter. Wenn wir es essen, wird es zu Fleisch und Blut in
unserem Leib; und auf dem Altar wird es verwandelt in den
Leib Christi.
Dieser Verwandlungsprozeß des Brotes liegt auch vor Ihnen!
Jeden Tag sterben wir ein bißchen, wachsen und reifen wir
aber auch zu neuen Menschen im Glutofen der Zeit mit so viel
Streß, Ängsten und sogar Schicksalsschlägen. Wenn wir uns in
der Hand Gottes geborgen fühlen, fallen diese Verwandlungen
leichter. Und darum sind Sie ja hier: Sich vom Wort und vom
Brot Jesu Christi stärken zu lassen. Ihr Ja zueinander läßt IHN
als Weggefährten mitgehen. Wie es eben im Evangelium hieß:
„Bleibt in mir, dann bleibe ich in euch."

Das Tütchen enthält auch *Blumensamen*, z.B. Sonnenblumenkerne und Gänseblümchensamen.

Von der Sonnenblume können wir lernen. Sie trinkt die Strahlen der Sonne, die ein Symbol für Gott ist. Wer sich an der Sonne ausrichtet, der läßt alle Schatten (Schuld) hinter sich. So werden Sie zum Licht für diese Welt (Mt 5,14). Oder wie es in der Lesung hieß: „Gott ist die Liebe, und wer in der Liebe bleibt, bleibt in Gott, und Gott bleibt in ihm." (1 Joh 4,16 b) Hier darf ich ein Danke an die kleinen Sonnen des Alltags sagen: Denn weil Sie genügend Strahlen der Sonnen Ihrer Eltern und Freunde eingefangen haben, können Sie selber zur Sonne werden.

Das Gänseblümchen dient mit seinen kleinen frischen Augen in der Stille. Welche Widerstandskraft hat es! Es blüht im Herbst bis in den Schnee, und im Frühling recken sie sich sofort wieder wie tausend Sternenaugen aus dem eintönigen Grün des Rasens. Wir brauchen Menschen wie Gänseblümchen, die unscheinbar, still „dienstbereit" und dabei fröhlich die Welt an einer kleinen Stelle verändern. Die Welt und unsere Kirche.

Sie sind alt genug, um nicht mehr in den Tag zu träumen. Aber nehmen Sie dieses kleine Geschenk mit in Ihre Ehe, säen Sie – nicht nur auf dem Balkon. Wie hieß es am Ende der Geschichte? „Wir alle brauchen Wachstum im Glauben, im Hoffen, in der Liebe. Damit die Freude am gemeinsamen Fest (in der Ehe) anhält!"

19.
Von der Liebe, den Schlüsseln zum Himmel und der Treue

Trauansprache mit einem Blumenstrauß

Vorbereitung
Eine rote Rose, eine gelbe und eine blaue Blume. Im Idealfall ein Buschröschen, eine Schlüsselblume und ein Vergißmeinnicht.

Lesungen
1 Kor 13,4–8 a: Wirkliche Liebe erträgt alles;
Mk 10,6–9: Was Gott verbunden hat, soll der Mensch nicht trennen.

Ansprache

Diesen Blumenstrauß aus einer Rose, einer Schlüsselblume und einem Vergißmeinnicht darf ich Ihnen als Andenken an diese Stunde überreichen. Vielleicht trocknen Sie ihn und hängen ihn an eine besondere Stelle in Ihrer Wohnung, damit er Sie ab und zu erinnert...
   1. Die Rose ist eine Liebeserklärung ohne Worte. Sie soll Sie auf das Feuer der Liebe hinweisen. Die Leidenschaft der Liebe ist ja mit Wasser nicht auszulöschen. Und wir wünschen Ihnen, daß etwas davon Ihr Leben lang brennt! Zur Rose gehören auch die Dornen. Darum heißt es auch gleich: Ich nehme dich an in guten und bösen Tagen, in Gesundheit und Krankheit. So möchte ich Sie bitten: Nehmen Sie einander *ganz* an, mit Blüten und Dornen, mit guten und weniger guten Eigenschaften. Mit Exupéry darf ich jedem von Ihnen sagen: „Du bist für Deine Rose verantwortlich" – ein Leben lang.
   2. Die Schlüsselblume wird im Volksmund „Himmelsschlüs-

sel" genannt. Da Sie hier sind, um den siebten Himmel der Liebe aufzuschließen, darf ich Ihnen sagen, welche drei Schlüssel ein Märchen („Drei Schlüssel zum Himmel" in Kurzgeschichten 3, Nr. 115) angibt, um diesen Himmel zu öffnen: Das Märchen erzählt von einem König, der die Schlüssel zum Himmel besitzen wollte. „Wenn du", so sagte ihm der Engel, der den „ewigen Garten" bewachte, „wenn du die richtigen drei Himmelsschlüssel findest, dann blühen sie zu deinen Füßen auf. Mit ihnen kannst du den Himmel aufschließen." Viele Jahre war er auf der Suche. Sie blühten erst vor seinen Füßen auf, als er eine Blume, ein Wildkraut, vor dem Verdursten rettete, einen kranken Wolf gesundpflegte und ein verwahrlostes Kind in seinen Palast aufnahm.

Damit soll erstens gesagt sein: Haben Sie den Blick für die kleinen Wunder am Wege, für die Pflanzen und Blumen. Wer diese Kostbarkeiten sieht, hält sich auch den Blick offen für den Partner. Zweitens: Erkennen Sie in den Tieren Ihre gefährdeten Geschwister. Wer Verantwortung für die Zukunft unserer Mutter Erde übernimmt, geht auch sorgsam mit den Schätzen dieser Welt um. Drittens: Schotten Sie sich nicht ab in Zweisamkeit, sondern haben Sie eine offene Tür. Wer gastfreundlich ist, übernimmt auch Aufgaben über den kleinen Bereich der Ehe hinaus. Wie soll auch sonst das Miteinander in Gesellschaft und Kirche herzlich bleiben? Sie versprechen ja gleich: „Wir sind bereit, als christliche Eheleute unsere Aufgaben in Ehe und Familie, in Kirche und Welt zu erfüllen." – Also die Schlüsselblume als Zeichen für die Schlüssel, die Ihnen den Himmel jetzt und am Ende des Lebens öffnen.

3. Das *Vergißmeinnicht* mit seinem symbolischen Blau erinnert an die Treue bis in den Tod. Übersteigt das nicht manchmal unsere Kräfte? Damit aber die Treue bis in den Tod nicht unerreichbar bleibt, weist Sie das Blau der Blüte auch auf den Glauben: Blau ist auch die Farbe des Glaubens. Glaube heißt: Ich vertraue darauf, daß Jesus Christus in unserer Ehe uns immer wieder neu die Kraft gibt, die Treue in guten und bösen Tagen durchzuhalten. Darum stehen Sie hier vor Gottes Angesicht, um in seinem Kraftfeld die Ehe zu wagen.

Da die Farbe Marias, der Mutter Jesu, auch blau ist, darf ich hinzufügen: Das gewähre Ihnen Gott auf die Fürbitte Mariens.

Stark verändert nach einer Idee bei Wilhelm Schäffer in Kasualpredigten 4, Erich Wewel-Verlag, München 1988, S. 29–31.

20.
Gemeinsam unterwegs

Trauansprache mit einem Bergsteigerseil

Vorbereitung
Ein Stück Bergsteigerseil von ca. 3 m.

Lesungen
Koh 4,9–12: Zwei sind besser dran als einer allein;
1 Kor 13,4–8 a: Die Liebe hört niemals auf;
Joh 15,12.13.17: Es gibt keine größere Liebe, als wenn einer sein Leben hingibt.

Ansprache

Im Gespräch mit Ihnen habe ich erfahren, daß Sie begeisterte Bergwanderer (Bergsteiger) sind. Darum schenke ich Ihnen zur Erinnerung an diese Stunde ein Stück Bergsteigerseil. Vielleicht können Sie es irgendwo augenfällig in Ihrer Wohnung anbringen. Und wenn jemand nach der Bedeutung fragt oder Ihr Blick dieses Seil streift, dann rufen Sie sich einen der folgenden Gedanken ins Gedächtnis zurück.

Es ist gar nicht so abwegig, eine Bergbesteigung mit Ihrem Eheweg zu vergleichen. Denn Sie sind gemeinsam unterwegs, um den Gipfel des „Lebens-Berges" zu erklimmen. Das heißt auch immer, Gott zu finden. Und wer schon in den Bergen unterwegs war, weiß, wie unnahbar und doch freundlich, wie majestätisch und unheimlich ein Berg uns begegnen kann. Hier können wir wirklich Eigenschaften Gottes erahnen. Auf dem Weg zum Gipfel erfahren Sie:

1. So eine Zweierseilschaft wird zur *Schicksalsgemeinschaft.* Sie können das Ziel nur erreichen, wenn Sie zu einer

Partnerschaft bereit sind, zum Geben und Nehmen, zum Nehmen und Geben. Vielleicht muß einer von Ihnen eine längere Zeit geben, wenn der andere eine Krise durchmacht. Doch irgendwann kann es genauso umgekehrt sein, wenn dem anderen etwas schiefläuft. Wir wünschen Ihnen, daß Sie in einem guten Maß bedingungslos aufeinander angewiesen sind. Denn heute laufen zu viele Ehegemeinschaften schon in *guten* Tagen auseinander.

2. Das *Vertrauen* in den anderen muß da sein. Hänge ich zum Beispiel am Seil, muß ich mich ganz auf den anderen verlassen können, der mich absichert. Unsicherheit würde mich packen, wenn ich wüßte, der nimmt das alles nicht so ernst. Hier möchte ich Sie auf den schönen Ausdruck der „Trauung" hinweisen! Er bedeutet: Wir trauen uns miteinander; wir vertrauen einander in guten und bösen Tagen! Sie vertrauen auch dem, der gleich in der Trauungszeremonie Ihre ineinandergelegten Hände umschließt: Gott – als dem Ersten in Ihrem Bunde –, der Sie halten und festhalten will.

3. In der *Gemeinschaft* zu zweit ist es leichter, die Angst im nackten Felsen zu überwinden. Zwei sehen mehr, zwei können sich gegenseitig ermuntern, zwei tragen leichter als einer. Ein frohes Wort und eine hingestreckte Hand lassen auch in schwierigen Passagen die Seele leben. Der Schwächste setzt dabei das Maß. Ich muß den anderen annehmen, wie er ist. Einordnen und Rücksicht sind gefragt. Was Liebe alles vermag, haben wir ja in der Lesung gehört: „Liebe ist gütig, bläht sich nicht auf, läßt sich nicht zum Zorn reizen, freut sich an der Wahrheit, hält allem stand, hört niemals auf!" (1 Kor 13,4–8 a).

4. Die *Liebe* zueinander macht fähig, Anstrengungen und Risiken auf sich zu nehmen. Sie wissen ja nie genau, ob das Wetter nicht umschlägt, Steinschlag oder Schwäche drohen. Hunger und Durst, Kälte und Müdigkeit werden leichter ertragen. Eine bescheidene Unterkunft oder ein einfaches Essen und Trinken beeinträchtigen nicht, solange beide das Lebensnotwendige haben, die Zuneigung der Herzen.

Letztlich ist die Liebe ein Geschenk, das auch durch Unachtsamkeit, Gewohnheit und mangelndes Fingerspitzengefühl verlorengehen kann. Wie weit geht aber die wirkliche Liebe zueinander? Im Evangelium heißt es: „Es gibt keine größere Liebe, als wenn einer sein Leben (für seine Freunde) hingibt!" (Joh 15,13). Wir lesen jedes Jahr in den Zeitungen erschütternde Berichte über Schicksale von Seilgefährten, die ihr Leben für andere hingaben. Wir hoffen und wünschen, daß Sie davon verschont bleiben. Aber was diese Seilgefährten auszeichnet, das wünschen wir Ihnen für Ihren gemeinsamen Weg: In der Verbindung mit Gott und der Wegbegleitung durch Jesus Christus erhalten Worte wie Vertrauen, Gemeinschaft, Liebe noch einen ganz anderen Tiefgang!

Bevor Sie jetzt das Ja vor Gott und unserer Gemeinschaft sagen, möchte ich noch einen Bergsegen über Sie sprechen, den ich in der Kirche von Neuhaus am Schliersee gelesen habe:

Schirme, Herr, durch die Fürbitte des hl. Bernhard, den du als Patron der Almen und Alpenwanderer ausgewählt hast, schirme N. und N.

und gewähre ihnen in deiner Huld, daß sie beim Besteigen der Berge und im Besteigen ihres „Lebens-Berges" auch auf den Berg gelangen möchten, der da ist Christus, unser Herr!

21.
Von der Gemeinschaft, Partnerschaft, Geborgenheit und vielem mehr

Trauansprache im Sinnbild der Bienen

Vorbereitung
Ein Keramiktopf als Bienenkorb, gefüllt mit Honig (im Handel erhältlich), *oder* eine Kerze aus Bienenwachs *oder* getöpfert: Bienen auf Wabe. Eventuell für anwesende Kinder kleine gefüllte Honigtöpfchen, wie sie in Hotels und auch im Handel zum Frühstück angeboten werden.

Lesungen
Kol 4,9–12: Zwei sind besser dran als einer allein;
Phil 4,4–9: Freut euch im Herrn zu jeder Zeit;
Mt 6,25–33: Lernt von der Natur (den Vögeln, den Lilien, dem Gras ... warum nicht auch von den Bienen?);
Mt 7,12: Die goldene Regel;
Joh 15,9–12: Liebt einander.

Ansprache

„Das Nötigste im Leben des Menschen sind", so steht es in der Bibel, „Wasser, Feuer, Eisen und Salz, kräftiger Weizen, Milch und Honig, Blut der Trauben, Öl und Kleidung." (Sir 39,26) Sie werden sicher überrascht sein, wenn ich Ihnen nun hiervon den Honig bzw. das Leben der Bienen vor Augen stelle.
Es gibt so viele Wunder um uns herum! Wir leben in einer Zeit, in der wir wieder die Augen für die Natur öffnen müssen, wenn wir überleben wollen. Diese Kerze aus Bienenwachs (oder dieser Honigtopf, einem Bienenkorb nachgestaltet) möge in Ihrer Ehe einen besonderen Platz einnehmen. Und wenn Ihr Blick darauf fällt, mögen Ihnen folgende Gedanken wieder in den Sinn kommen.

1. Den Fleiß der Bienen will ich nicht ansprechen, denn die meisten von uns arbeiten sowieso zuviel und leben zuwenig. Vielmehr geht es mir um die Biene als soziales Insekt. Sie ist auf Gemeinschaft hin angelegt. Alleine für sich kann sie nicht existieren. – Auch wir Menschen sind auf Gemeinschaft hin angelegt. Wir brauchen die Geborgenheit einer Familie, um als seelisch gesunde Menschen heranzuwachsen. Genauso nötig ist eine lebendige Gemeinschaft der Christen, um uns im Glauben richtig zu entwickeln. Darum sprechen Sie auch gleich vor dieser Gemeinschaft Ihr Ja; darum ist Ihr Schritt zum Leben *miteinander* in guten und bösen Tagen im Bund der Ehe richtig.

2. In einem Bienenstock erfüllt jede Biene eine Aufgabe – wie Sie in echter Partnerschaft auch dazu bereit sein müssen, zu geben und zu nehmen, zu nehmen und zu geben. Da ist heutzutage besonders der Mann aufgerufen, umzudenken und Aufgaben im Haushalt – vielleicht sogar als Hausmann, jedenfalls nicht als Pascha – zu übernehmen. Wenn ich Ihnen jetzt die wechselnden Aufgaben im Leben einer Biene aufzähle, dann übertragen Sie diese auf Ihr Miteinander.

Die Biene heizt oder kühlt im Stock durch Flügelschlag die Temperatur; sie verteidigt das Flugloch, die „Haustür", gegen Feinde; sie pflegt und füttert die Brut; sie reinigt den Stock; sie holt den Honig zum Leben und zum Überwintern herbei. Das funktioniert bei bis zu siebzigtausend Bienen in einem Volk!

3. Wenn eine Biene ein blühendes Feld oder Blumen – eine sogenannte „Trachtquelle" – entdeckt, behält sie das nicht für sich, sondern teilt den anderen Bienen sofort durch einen Rund- oder „Schwänzeltanz" mit, wohin sie genau fliegen müssen! Wenn Sie solch eine Haltung zueinander bewahren, Ihre Freuden und Erlebnisse teilen, es keine Geheimhaltung voreinander gibt, wenn Sie sich Zeit für Gespräche lassen, der Dialog nicht abreißt, dann werden wir einmal von Ihnen sagen können, was im frühen Christentum von Beobachtern der Christen gesagt wurde: „Seht, wie sie einander lieben!"

4. Eine Biene holt selbst aus giftigen Pflanzen Gutes, den Nektar, und verarbeitet ihn zum Honig. – Auch Sie werden auswählen müssen unter den verlockenden und gefährlichen Angeboten unserer Zeit. Da eine Biene alles Unreine meidet, wurde sie zum Sinnbild der Reinheit. Prüfen Sie alles, aber behalten Sie nur das, was Sie innerlich weiterbringt!

5. Wieviel Arbeit erfordert der Honig! Für ca. ein Pfund muß die Biene rund 120 000 Flugkilometer zurücklegen, umfliegt also praktisch dreimal die Erde! – Auch Sie müssen hart ran, um sich Ihren „Bienenstock", Ihr Haus, zu erarbeiten oder die Wohnung einzurichten. Es wäre schön, wenn Sie Ihre Tür dann offen lassen. Wie der Imker den Bienen manches Pfund Honig wegnehmen kann, so darf eine Ihrer Tugenden eine großzügige Gastfreundschaft sein. Ihre kleine Gemeinschaft soll ausstrahlen in die große Gemeinschaft des Dorfes, der Gesellschaft und der Kirche. Deshalb werden Sie auch gleich gefragt: „Sind Sie bereit, als christliche Eheleute Ihre Aufgaben in Ehe und Familie, in *Kirche und Welt* zu erfüllen?" Spätestens wenn Kinder kommen, merken Sie, wie weit die Tür aufgestoßen wird!

6. Früher wurde bei der Taufe einem Säugling etwas Honig in den Mund geträufelt. Das sollte bedeuten: Lebe aus dem Honig des Wortes und des Brotes Gottes (das Manna in der Wüste war süß wie Honig, vgl. Ex 16,31). Darum versammeln wir uns am Sonntag immer wieder in der Gemeinschaft der Christen, die auch auf Ihre Teilnahme angewiesen ist, um das Wort Gottes zu hören und uns im Brot des Himmels die Kraft zu holen, das Gehörte zu verwirklichen. (In der Filialkirche der Pfarrei, der ich vorstehe, sind die Türen Bienenwaben nachgestaltet, und direkt darüber zeigen die Fenster anfliegende Bienen = Kommt und stärkt euch mit diesem Honig! Und nach dem Gottesdienst beim Herausgehen bedeutet es: Jetzt schwärmt aus und lebt aus dieser Kraft!)

7. Der Duft einer Bienenwachskerze kann den ganzen Raum erfüllen. Und dieses winzige Licht genügt, um mich in der Dunkelheit zu orientieren. – So können auch Sie in Ihrer Ehe Ihre Umgebung mitprägen, Licht und Wärme schenken und wie eine Kerze sich verzehren. (Vielleicht lassen Sie diese Kerze jeweils an Ihrem Hochzeitstag zur Erinnerung ein wenig brennen.)

8. Der Bienenkorb, das Haus der Bienen, schenkt Geborgenheit und Schutz. – Neben Ihren Familien und Freunden kann die Kirche das Haus sein, von dem Sie sich in guten und bösen Tagen angezogen und geborgen fühlen sollen.

So wünsche ich Ihnen im Sinnbild der Bienen ein glückliches und gesegnetes Miteinander!

22.

Von den Wurzeln, dem Stamm und den Früchten des „Ehebaumes"

Trauansprache mit einem Bäumchen

Vorbereitung
Ein junges Bäumchen – unter einem fruchtbaren Baum im Wald ausgegraben.

Lesungen
Hld 8,6–7: Ströme können die Liebe nicht wegschwemmen;
Röm 13,8–10: Die Liebe schuldet ihr einander immer;
Joh 15,1–5: Weinstock – Reben (Bleibt in mir, dann bleibe ich in euch).

Ansprache

Dieses Bäumchen zum Einpflanzen in Ihrem Garten möchte ich Ihnen heute schenken. Es soll Ihr Ehebaum sein. Hoffentlich können Sie sich in einigen Jahren einmal im Schatten dieses Baumes ausruhen und gerne zurückdenken an diese Stunde.

An diesem Bäumchen und an Ihrem Ehebaum kommt es auf die Wurzeln und den Stamm an. Wenn diese gesund und unversehrt bleiben, brauchen wir uns um die Früchte keine allzu großen Sorgen machen.

1. *Die Wurzeln* des Ehebaumes haben eigentlich schon die Eltern, Verwandten und Freunde mitverantwortet. Die Wurzeln können heißen: Ich kann ja zu mir sagen, so wie ich bin; ich kann dem Partner und Gott vertrauen; ich bin bereit, mich verwandeln zu lassen; ich kann verzichten und einfach leben; ich kann zärtlich sein, einfühlsam, kann behüten und pflegen; ich bin ziemlich schnell zur Versöhnung bereit; ich kann auch über

Kleinigkeiten und über Gefühle mit meinem Partner sprechen; ich kann warten und habe Geduld; ich möchte Verantwortung übernehmen; ich kann noch träumen; ich kann geben und nehmen – nehmen und geben. Das sind schon eine Menge Wurzeln – fügen Sie ruhig noch welche hinzu!

2. *Der Stamm* des Ehebaumes, der Sie beide und eventuelle Kinder einmal halten soll, heißt: Treue, Geborgenheit, Glaube, Hoffnung, Liebe, Partnerschaft. Der Stamm ist wie eine Baustelle: Unter der Rinde liegt eine hauchdünne Schicht, das Kambium, ein zeitlebens teilungsfähig bleibendes Pflanzengewebe. Hier liegen die lebenden Zellen, die immer wieder einen neuen Jahresring bilden. Behalten Sie sich die Fähigkeit, immer wieder bereit zu sein zu neuem Wachstum und alles aus der Umwelt zu verarbeiten, um langsam Antworten auf die Fragen der Zeit zu finden und die Umwelt mitzugestalten.

Heute sind Sie hier, um diesem Stamm die nötige Festigkeit zu geben. Ihre Treue (das Wort stammt vom Wortstamm drewo = Baum, d.h. eine baumstarke Zuversicht haben!), Ihre Liebe und Hoffnung werden gebettet in die Treue Gottes. Gleich werden Sie das deutlich sehen können, wenn Ihre ineinandergelegten Hände noch von den Händen Gottes, dieser Stola hier, umschlossen werden. Sie ist versehen mit dem Kreuz Christi: Er will als Weggefährte mitgehen und wenn es sein muß – auch bei einem Kreuz tragen helfen. Es hieß ja eben im Evangelium: „Bleibt in mir, dann bleibe ich in euch ... Wer in mir bleibt und in wem ich bleibe, der bringt reiche Frucht" (Joh 15,4–5).

Sie dürfen sich in der Ehe auch weiterhin selbst verwirklichen – ein Zauberwort unserer Zeit. Aber nach diesem Ja hier schauen Sie bitte bei Ihrer Selbstverwirklichung *miteinander* in dieselbe Richtung, damit der Stamm bei einem Sturm nicht auseinanderbricht.

3. *Die Früchte:* Wenn die Wurzeln gesund bleiben und der Stamm nicht von Rissen, Fäulnis und Ungeziefer heimgesucht wird, wachsen die Früchte des Baumes wie von selbst: Die Zufriedenheit, das Glück, die Treue bis in den Tod, Kinder und Enkelkinder, Geborgenheit, Mitarbeit in der Gesellschaft, all das wünschen wir Ihnen für Ihre Ehe.

So begießen und pflegen Sie bitte Ihren jungen Baum. Stehen Sie manchmal Hand in Hand davor. Klauben Sie die Raupen der Gleichgültigkeit ab und bringen Sie ihm Wasser der

Ehrlichkeit. Wie grün kann er werden, wenn Sie ihm nicht zu viele Wurzeln abhacken!

Der letzte Abschnitt nach einem Text von Erich Fried.
Zu diesem Sinnbild „Baum" vgl. mein Büchlein: Geschichten zum Sakrament der Ehe, TOPOS Taschenbuch 166, 1989².

Nach der Kommunion sprechen die Brautleute abwechselnd folgenden Text:

Herr, unser Gott!
Wir möchten sein wie ein Baum,
der fest in deiner Erde verwurzelt ist,
der seine Äste deiner Sonne entgegenstreckt,
der nicht im Frost des Alleinseins zusammenbricht
noch im Schneesturm der Hoffnungslosigkeit,
der nach einer winterlichen Erstarrung
immer wieder einen Frühling erlebt.

Gib, Herr, daß kein Sturm uns knickt,
kein Blitz uns trifft
und der materielle Borkenkäfer,
der im Verborgenen haust,
nicht Leib und Seele frißt.

Freund und Feind möchten wir Schatten bieten,
Blüten und Früchte tragen
und so die Liebe weitergehen,
die wir als Beschenkte immer wieder erfahren.

23.
Ein alter Brauch, neu gedeutet

Trauansprache mit Brot und Salz

Vorbereitung
Ein süßes Brötchen (auf Hygiene achten: auf ein Papierblatt legen und zum Schluß in kleiner Tüte überreichen) und ein gefüllter Salzstreuer.

Lesungen
Kol 3,12–15: Ertragt euch gegenseitig;
1 Thess 5,15–18: Wie wir richtig miteinander umgehen;
1 Petr 3,8–15 a: Aufruf zur Eintracht und richtigem Verhalten;
Mt 5,13: Ihr seid das Salz der Erde.

Ansprache

Es gibt folgenden alten Brauch. Den Brautleuten wird beim Überschreiten der Türschwelle zu ihrer neuen Wohnung Brot und Salz gereicht. Salz war früher ein Sinnbild für Dauerhaftigkeit und Unverweslichkeit. Deshalb wurden damals Eheschließungen, Freundschaften und Verträge beim gemeinsamen Genießen von Brot und Salz besiegelt. Noch heute gilt bei den Arabern ein Schwur beim Salz als heilig. So soll dieses Brot und Salz Ihren heiligen Bund besiegeln. Brot und Salz überreiche ich Ihnen heute auch. Und ich darf beide Symbole noch ganz anders deuten.
   Das Brot hier ist süß. Heute ist ja noch die Hohe Zeit, die Hoch-Zeit, Hochzeit. Da schmeckt alles gut. Vielleicht essen Sie heute bei der nächsten Mahlzeit dieses süße Brötchen zuerst, indem Sie es miteinander *teilen*. Aber betrachten wir das Brot noch genauer:

Wie viele Verwandlungen hat es bereits hinter sich! Zuerst mußte das Weizenkorn „sterben", d.h. sich verwandeln, um in der Ähre neu aufzuerstehen. Dann verwandelten sich die Körner in der Mühle zu Mehl. Die Hitze des Ofens verwandelte das Mehl zu Brot. Und wenn Sie es essen, verwandelt es sich in Fleisch und Blut Ihres Leibes. Diese Verwandlung kann noch weitergehen: In den Wandlungsworten einer hl. Messe wird aus dem Brot der Leib Christi.

Die Verwandlungen, die das Brot durchmacht, warten auch auf Sie, wenn Sie in der Ehe wachsen und reifen wollen. Nicht nur Ihr Körper tauscht alles in Ihnen innerhalb von sieben Jahren aus. Sie werden auch in den Glutofen „Zeit" gesteckt: Streß und Hetze, Prüfungen und Schicksalsschläge müssen richtig verarbeitet werden, wenn Sie nicht krank werden wollen, und die letzte Verwandlung im Tod wartet auch auf jeden von uns.

Die Gedanken sollen nicht traurig stimmen, aber zum Nachdenken anregen. All diese Verwandlungen fallen leichter, wenn Sie sich im Vertrauen auf Gott darauf einlassen. Auch das verwandelte Brot, die heilige Kommunion, in der Jesus sich mit uns verbindet, wurde im Abendmahlssaal eingesetzt, um uns dafür zu stärken.

Zum Salz: Dieser Salzstreuer kann Sie in Ihrer Ehe begleiten und Sie an folgendes erinnern:

1. Salz kann Eis zum Schmelzen bringen. Es gibt, wenn Sie rundschauen, so viel tödliche Kälte zwischen Eheleuten, zwischen Eltern und Kindern, unter den Menschen. Da dürfen Sie wie „Salz der Erde" sein, auflösend, befreiend, vergebend, wie Sie es eben in der Lesung hörten: „Ertragt euch gegenseitig, und vergebt einander, wenn einer dem anderen etwas vorzuwerfen hat." (Kol 3,13).

2. Salz schützt vor Fäulnis: Fische werden in Salz gebettet, um sie vor Fäulnis und Verderb zu retten. – Es gibt heute so viele faule Stellen in Staat und Kirche! Im Evangelium rief Jesus uns zu: „Ihr seid das Salz der Erde!" (Mt 5,13). Bewahren Sie die Kraft des Evangeliums, der Botschaft Gottes, unverfälscht in Ihrem Herzen, sonst befällt Sie leicht die Fäulnis der Sünde und des Irrtums. Sehen Sie sich um, wie es mit den Werten „Einheit in der Ehe, Unauflöslichkeit, Treue" steht!

3. Salz gibt den richtigen Geschmack. Was wäre das Essen heute, ich denke z.B. an die Suppe oder die Pommes frites, ohne Salz? So soll eine Ehe von zwei jungen Menschen neue

Würze für unseren Staat und unsere Kirche sein. Sie bilden die kleinste Zelle. Der riesige Leib des Staates oder der Kirche wird schal und ausgebrannt, wenn die kleinen Zellen nicht mehr frisch und gesund sind. Geben Sie unseren Gemeinschaften neuen Geschmack, die kleinen Prisen der Freude, der Hilfsbereitschaft, des Optimismus.

4. Salz trägt. Vielleicht fahren Sie einmal im Urlaub zum Toten Meer. Bei einem Salzgehalt von 23% können Sie ohne Schwimmbewegungen im Wasser Zeitung lesen. – Jesus meint mit dem Salz der Erde also auch: Haltet die, die unterzugehen drohen; alle, die mit ihren Problemen nicht fertig werden. Sie dürfen jetzt nicht in einer trauten Zweisamkeit untergehen! Sie versprechen gleich, über die kleine Zelle der Familie hinauszuwirken, wenn ich Sie frage: „Sind Sie beide bereit, als christliche Eheleute Ihre Aufgaben ... auch in Kirche und Welt zu erfüllen?"

5. Und Salz erhält Leben! Sie wissen ja, daß wir an besonders heißen Tagen salzhaltige Speisen zu uns nehmen sollen, weil der „Haushalt" des Körpers durch den erhöhten Salzverlust durcheinander gerät. – Früher wurde bei der Taufe dem Kind ein wenig Salz auf die Zunge gestreut, und der Priester sagte dazu: „Empfange das Salz der Weisheit ..." Das heißt: Gib dem ganzen Leben Würze durch die Weisheit, die von Gott kommt!

Jetzt verstehen Sie besser, was Brot und Salz beim Überschreiten der Schwelle sagen wollen. Da Sie jetzt den entscheidenden Schritt tun, empfangen Sie hier diese Symbole, die sagen: Seid offen für Verwandlungen; stärkt Euch mit dem Brote des Lebens; bringt die Eispanzer um manche Herzen zum Schmelzen und gebt unserem Miteinander neue Würze!

Nun schließt die Ehe beim Salz, d. h. in unverbrüchlicher Treue!

24.
Hilfen auf dem „Pilgerweg"
der Ehe

Trauansprache mit zwei Pilgermuscheln

Vorbereitung
Zwei schöne große Pilgermuscheln (wie sie auch das Markenzeichen der Firma Shell [englisch = Muschel] zeigt). Vielleicht
für jeden Teilnehmer eine kleine Muschel, wie sie zu Tausenden am Strand liegen.

Lesungen
Gen 12,1–7: Abraham als Pilger, der sich auf Gottes Geheiß auf-
macht;
Lk 24,13–32: Jesus geht unerkannt mit den Jüngern nach Emmaus.

Ansprache

Heute beginnt durch Ihr gemeinsames Ja auch vor Gott und
der Gemeinschft der Christen Ihr Weg als Eheleute. Und da unser Ziel in einer anderen Welt liegt, darf ich Ihren gemeinsamen Weg auch als Pilgerweg bezeichnen. Vielleicht sind Sie
schon einmal als Pilger nach Kevelaer oder Trier (...) über
Tage hinweg gewallfahrtet. Dann wissen Sie: Ein abwechs-
lungsreicher, schöner und anstrengender Weg, der die Beteilig-
ten richtig zusammenschweißt. Und das gemeinsame Gebet
kann dabei manchen Schmerz vergessen machen ...
   Für Ihren Weg als Eheleute gebe ich Ihnen deshalb diese Pilgermuschel mit: Seit Jahrhunderten ist sie Symbol der Pilger
und wurde zum Allzweckgerät, das sich vielfältig einsetzen
läßt, z.B. als Wasserkelle, Teller, Löffel oder Sägemesser. (Vielleicht essen Sie jeweils an Ihrem Hochzeitstag aus dieser Mu-

schelschale eine Vorspeise oder den Nachtisch als Erinnerung an heute.)

In unserer Zeit wird übrigens ein alter Pilgerweg, der Jakobsweg in Spanien, wiederentdeckt. „Auf nach Santiago!" (de Compostela im Nordwesten Spaniens) hieß es im Mittelalter und auch im August 1989, als unser Papst am Grab des hl. Jakobus vor 500 000 Jugendlichen sprach, die auch alle solch eine Jakobsmuschel in Händen hielten.

Drei Gedanken darf ich Ihnen mit diesem Symbol auf den Weg geben:

1. Betrachten Sie die Muschel in Ihrer Hand. Jede ist einzigartig, unwiederholbar – wie Sie beide!

Die *leere* Schale vergleiche ich mit uns Menschen: Vor Gott stehen wir immer wie mit leeren Händen. Wir hoffen dabei auf sein Erbarmen. Und weil er immer wieder ja sagt zu uns, können wir als Dank und in der Konsequenz dieses Erbarmen auch an den Partner weitergeben, wenn *er* mit leeren Händen vor uns steht. Darum heißt es im Vaterunser: Vergib uns unsere Schuld, wie auch wir vergeben unseren Schuldnern. – Diese Bereitschaft zur Vergebung und Versöhnung ist entscheidend, wenn Ihr gemeinsamer Weg gelingen soll.

2. Wenn die Pilger auf den verschiedenen Jakobswegen zum Grab des hl. Jakobus aufbrechen, verpflichten sie sich, einen Stein auf dem Herzen zu tragen. Im Ort Cruz de Ferro dürfen sie ihn dann abwerfen. So entstand hier im Laufe der Jahrhunderte ein richtiger Steinhügel. Damit will ich sagen: Auch Sie tragen irgendwann etwas auf dem Herzen, das sie bedrückt. Ihre und unsere letzte Sorge wird sein: Können unser Glaube und unsere Taten vor Gott bestehen? Wird er in unserem Lebenswerk den Funken wirklicher Liebe entdecken können, die sich uneigennützig hingab, damit er hier seine Barmherzigkeit entzünden kann? Ich wünsche uns allen, daß uns dann und auch oft im Leben ein Stein vom Herzen fällt.

3. Sie begegnen einer Pilgermuschel des öfteren im Leben; am häufigsten sicherlich an gewissen Tankstellen, denn dort versinnbildet sie das Markenzeichen mit der Aussage „Komm, fülle deinen Autotank, damit du ans Ziel deiner Reise gelangst!"

Dieser Gedanke, sicher ans Ziel der Reise zu gelangen, scheint schon vor Jahrhunderten lebendig gewesen zu sein, denn in vielen Kirchen besteht das Weihwasserbecken aus einer Muschelform, und im Süden Deutschlands und in Österreich erkennen wir am Tabernakel oft die Muschel. Das bedeutet: Erinnere dich auf deinem Lebensweg, daß du getauft bist und Jesus an deiner Seite hast. Und empfange aus dem Tabernakel das Brot, das dich stärken kann für deine Pilgerreise. Im Evangelium hörten wir von den Emmausjüngern, die auf ihrem Weg die Köpfe hängen ließen. In dem Bund, den Sie miteinander und mit Jesus schließen, sagt er Ihnen zu, unsichtbar mitzugehen, damit Sie in seiner Gegenwart mit mehr Hoffnung und Liebe ausschreiten können. Wir wünschen Ihnen für Ihren gemeinsamen Weg, daß Sie seine Hilfe in guten und bösen Tagen spüren.

Vgl. die Trauansprache mit einer Muschel in diesem Buch.

25.
Die Ehe an Gott festmachen

Trauansprache mit einem Mobile

Vorbereitung
Ein Mobile, das ein Vereinsmitglied der Brautleute gebastelt hat. Vielleicht sind einige Elemente mit Bezug auf die Ehe besonders gestaltet: Anker (= Hoffnung), Herz (= Liebe), Regenbogen (= Versöhnung), Friedenstaube (= Friede) ... Dann entsprechend andere Lesungen einsetzen!

Lesungen
Röm 12,9–18: Vom Umgang miteinander;
Kol 3,12–15: Die Liebe hält alles zusammen;
1 Thess 5,15–18: Wie wir richtig miteinander umgehen;
Joh 15,1–5: Getrennt von mir könnt ihr nichts vollbringen (Weinstock – Reben)

Ansprache

Dieses Mobile, das Ihnen N. (= Gemeinschaft, Verein ...) gebastelt hat, können Sie zur Erinnerung an diesen Tag in Ihrer Wohnung aufhängen. Ich will versuchen, Ihnen bei der Betrachtung dieses Mobiles ein paar Gedanken mit auf den Weg zu geben:
1. Sie sehen, wie die einzelnen Elemente sich gegenseitig im Gleichgewicht halten. Sie pendeln sich aus und umspielen sich. So harmonisch wünschen wir Ihnen auch Ihre Ehegemeinschaft. Wenn sie gelingen soll, hängt das auch von der Partnerschaft miteinander ab. Partnerschaft und Teilhaberschaft (= Anteil nehmen und Anteil nehmen lassen) heißt: Jeder ist bereit zu geben und zu nehmen, zu nehmen und zu geben. Da

ist sich keiner für etwas zu schade; sie stützen sich gegenseitig. Da packen auch beide zu Hause an. Dann wird es harmonisch und schön, wenn es auch Konflikte nicht immer ausschließt.

2. Sie sehen, alle Elemente sind miteinander verbunden. Diese Verbindungsfäden können heißen: Liebe oder Güte, Geborgenheit oder Vertrauen. Was Liebe im einzelnen bedeuten kann, haben wir eben im Römerbrief gehört: „Seid fröhlich in der Hoffnung, geduldig in der Bedrängnis, beharrlich im Gebet ... Freut euch mit den Fröhlichen, und weint mit den Weinenden! Seid untereinander eines Sinnes ...! Vergeltet niemandem Böses mit Bösem ... Soweit es euch möglich ist, haltet mit allen Menschen Frieden." (Röm 12,12–18) Die Liebe also hält alles zusammen. (Wenn die einzelnen Elemente näher ausgestaltet sind, z. B. als Anker, Regenbogen etc., kann hier darauf eingegangen werden.) Es dürfen übrigens nur Fäden sein, die uns miteinander verbinden, keine Ketten, die lähmen und fesseln. Der andere darf uns an diesen Fäden auch nicht zerren, damit wir nicht zu seiner willenlosen Marionette werden.

3. Die Elemente hängen nie ganz still, sie verändern sich. – Auch Sie sind jetzt nicht im sicheren Hafen der Ehe angekommen. Im Gegenteil, jetzt beginnt die Fahrt aufs offene Meer. Oder wie es in einem schottischen Sprichwort heißt: „Wenn du heiratest, erhältst du ein versiegeltes Schreiben, dessen Inhalt du erfährst, wenn du auf offener See bist." Gehen Sie also auf Entdeckungsreise, verändern Sie sich auf dieser abwechslungsreichen Fahrt, sagen Sie nie: „Jetzt kenne ich dich!" Denn wer das sagt – so Max Frisch –, hört auf zu lieben. Hierhin paßt auch ein Satz zum Modewort „Selbstverwirklichung". Sie brauchen in der Ehe nie Ihre Persönlichkeit aufzugeben, aber nach dem Ja heute hat jede Weiterentwicklung und Selbstverwirlichung mit dem Blick auf den anderen zu erfolgen: Dazu braucht man sich nicht immer verliebt anzusehen, aber man sollte gemeinsam in die gleiche Richtung schauen, sich dabei miteinander verändern. – Ich bewahre also meine Selbständigkeit; Gleichmacherei ist nicht angesagt.

4. Wenn ein neues Element hinzukommt, müssen sich alle anderen wieder neu einpendeln. Das kann nur gutgehen, wenn wirklich Kompromisse möglich sind, wenn jeder bereit ist, ein wenig seine Stellung zu verändern. Es beginnt bei gelebter Gastfreundschaft und wird am meisten spürbar, wenn ein oder mehrere Kinder das ganze Mobile im positiven Sinne durch-

einanderwerfen und eine neue Ausrichtung erfordern. Dabei ist auch noch zu bedenken, daß zusammenhängen und voneinander abhängen heißt: Jeder ist dabei wichtig!

5. Zwei kleinere Elemente werden von einem größeren gehalten. Wer von Ihnen mehr Fähigkeiten einbringt, mehr im Glauben verankert ist, der übernimmt auch mehr Verantwortung. Das kann eine Last sein, aber letztlich ist alles, was wir besitzen, Geschenk, und wir werden innerlich nur zufrieden, wenn wir das Geschenkte weitergeben.

6. Manche Elemente drehen sich nur um sich selbst. Und trotzdem werden sie mitgetragen. – Sie wissen, wie mühsam der Umgang mit der Verwandtschaft und Bekanntschaft sein kann, wenn Egoisten darunter sind, die sich immer nur um sich selbst drehen. Und doch, wenn Verzweiflung und Traurigkeit in unserer Welt weniger werden sollen, können wir da nicht einfach etwas abschneiden. In dem Maße, wie Ihre Ehe gelingt, werden Sie auch andere ein Stück mittragen können. Sie bejahen ja auch gleich die Frage: „Sind Sie bereit, als christliche Eheleute Ihre Aufgaben in Ehe und Familie, in Kirche und Welt zu erfüllen?"

7. Den wichtigsten Gedanken bringe ich zuletzt. Dieses Mobile muß an einem zentralen Punkt festgemacht werden. Von daher wird alles gehalten. Wenn es von diesem Fixpunkt herunterfällt, hört alle Bewegung auf – wenigstens im übertragenen Sinne, denn wir haben ja eben im Evangelium gehört: „Getrennt von mir könnt ihr nichts vollbringen!" (Joh 15,5b). Sie hören also heraus, wen ich mit diesem zentralen Punkt meine. Es ist wie mit der Spinne, die eines schönen Morgens am festen Faden herabgleitet, um das Netz wieder auszubessern. Da entdeckt sie schließlich auch wieder den Faden „nach oben", an dem sie heruntergestiegen ist. Aber sie weiß in ihrer Geschäftigkeit, vielleicht auch Verbissenheit, nicht mehr genau, wozu er dient. Sie hält ihn für überflüssig, beißt ihn kurzerhand ab und – das Netz fällt mit ihr in die Tiefe, wickelt sich um sie wie ein nasser Lappen und droht sie zu ersticken. – Wieviel tiefes und unerkanntes Leid könnte unseren fast gottvergessenen europäischen Ländern erspart bleiben, wenn die Menschen wieder wüßten, woher sie kommen und wer sie letztlich hält. Die Traurigkeit und Lebensangst, die Hast und verdurstende Sehnsucht haben hier ihre Hauptursache. Und darum sind Sie heute hier. Nicht, weil hier alles feierlicher ist als auf dem

Standesamt, sondern um sich in Ihrer Ehe von Gott halten zu lassen. Das Wort „Religion" heißt übersetzt, sich halten lassen von einem ganz anderen. Wenn ich Ihre Hände gleich einbinde in diese Stola, die geschmückt ist mit dem Zeichen Christi, dann wird das für alle sichtbar: Sie vertrauen auf Ihrem gemeinsamen Weg dem Ersten in Ihrem Bund, dem Schöpfer und Erlöser, der Sie und uns ein ganzes Leben lang halten will.

26.
Von den „kleinen Worten"

Trauansprache mit einem Stückchen Pelz

Vorbereitung
Für beide Brautleute ein Stückchen Pelz; vielleicht sogar für jeden Teilnehmer (Reste bei einem Kürschner erbitten!).

Lesungen
1 Kor 13,4–8 a: Was wirkliche Liebe vermag;
1 Thess 5,15–18: Anweisungen für das richtige Miteinander;
1 Petr 3,8–15 a: Aufruf zur Eintracht und zum richtigen Verhalten;
Joh 15,9–12: Bleibt in meiner Liebe.

Ansprache

Sie werden sicher überrascht sein, wenn ich Ihnen zur Erinnerung an diese Stunde ein Stückchen Pelz in die Hand drücke. Es ist zwar unscheinbar, aber sehr wichtig für Ihre Ehe, wie Sie gleich verstehen werden. Denn ich glaube herausgefunden zu haben, daß es nicht immer die großen Ereignisse der Treulosigkeit, der Finanzen und der Erziehungsfragen sind, die Eheleute heutzutage auseinanderdividieren, sondern die kleinen Ereignisse bringen den Sand ins Getriebe der Ehe: Die nicht zugeschraubte Zahnpastatube und die Haare im Kamm, die den anderen jeden Morgen aufregen können, oder der Routinekuß zum täglichen Abschied, der nur als leere Hülse einer lebendigen Liebe übriggeblieben ist. Die Eheleute hier in der Kirche können da sicher noch treffendere Beispiele nennen.
　Darum dachte ich, schenke den beiden ein Pelzchen, das sie am Spiegel im Auto oder in der Wohnung befestigen können,

vielleicht auch an einem Kleidungsstück, damit Sie sich an die Wichtigkeit der „kleinen" Worte erinnern. Da gibt es nämlich eine Geschichte, die erzählt von einem Dorf, in dem die Menschen, wenn sie sich begegneten, immer ein kleines, warmes, weiches Pelzchen schenkten. Damit ist symbolisch gemeint: die Freundlichkeit, die Aufmerksamkeit, ein gutes Wort, ein Lächeln ... Und da jeder jedem bei einer Begegnung ein solches Pelzchen schenkte, ging der Vorrat nie aus. Bis eines Tages ein mißmutiger Mensch den Rat erteilte: „Nun seid mit euren Pelzchen nicht so großzügig, sie könnten euch ausgehen!" Dieser berechnende Hinweis machte vieles kaputt. Wer berechnet, lächelt nicht mehr so herzlich, wird irgendwann traurig, mißtrauisch, ironisch, stichelnd, redet schlecht über andere. Zu viele schlossen auch ihren Vorrat an Pelzchen ein aus Angst vor einem Überfall. Und eines Tages erinnerten sich nur noch wenige an das Geheimnis, daß Freundlichkeit und gute Worte sich immer verdoppeln und verdreifachen.

Ausführlicher in meinem Buch „Kurzgeschichten 2", Nr. 115, oder eine längere Fassung in „2 × 11 Bußfeiern", S. 64 f.

Was bedeuten die kleinen Pelzchen, die Ihr Miteinander herzlich sein lassen? Es sind die *kleinen* Worte und Taten wie danken, den anderen loben, den anderen anlachen, weinen (ja, das wäscht die Seele sauber!), singen, still sein (damit manchmal die Seele nachkommen kann; damit ich meine Mitte wiederfinden kann, um dann dem anderen wieder wirklich zu begegnen) u.v.m. In der Hl. Schrift stehen viele dieser kleinen „Worte", die den Ehealltag verschönern können und Ihre Ehe lebendig erhalten. Wir hörten eben aus dem Petrusbrief: „Seid eines Sinnes – voll Mitgefühl – barmherzig – demütig – vergeltet nicht Kränkung mit Kränkung – bewahre die Lippen vor falscher Rede – meide das Böse – tue das Gute – suche den Frieden ... Und vor allem: Haltet in eurem Herzen Christus, den Herrn, heilig!" (1 Petr 3,8–15 a; oder die angegebene Stelle aus 1 Kor 13 oder 1 Thess 5,15–18). Oder: „Eure Worte seien immer freundlich, doch mit Salz (= Weisheit) gewürzt; denn ihr müßt jedem in der rechten Weise antworten können" (Kol 4,6).

Liebes Brautpaar! Wir wünschen Ihnen für Ihre Ehe einen großen Vorrat an Pelzchen, damit Sie im Schutz eines solchen „Pelzmantels" aus vielen weichen und wärmenden „Pelzchen" vor Kälte, Sturm und Nässe geschützt sind. Gott will auch einen „Pelzmantel" seiner Güte hinzugeben. Das wird gleich besonders deutlich, wenn ich um Ihre ineinandergelegten Hände diese Stola binde, die geschmückt ist mit dem Zeichen Christi, des Guten Hirten. „Bleibt in meiner Liebe!" (Joh 15,9) rief Ihnen Jesus eben im Evangelium zu. Die Verbindung mit ihm ist die Garantie, daß Ihre Ehe in guten und bösen Tagen hält. Und diese Pelzchen nehmen Sie mit als Erinnerung daran: Wehret den Anfängen! Schenkt in Euren Begegnungen mehr den Herzen als den Händen!

27.
Vom Öl im „Ehekrug"

Trauansprache
mit einem antiken Öllämpchen

Vorbereitung
Ein antikes Öllämpchen mit Docht und Öl – wie es im Handel angeboten wird.

Lesungen
Kol 3,12–15: Vor allem liebt einander;
Phil 4,4–9: Christliche Grundhaltungen;
Mt 5,14–16: Ihr seid das Licht der Welt;
Mt 25,1–13: Die Klugen nahmen auch Öl mit.

Ansprache

Dieses kleine antike Öllämpchen mit diesem Docht, der das Öl nach oben leitet, und dieses Gefäß, gefüllt mit Öl, möchte ich Ihnen auf den Weg mit in die Ehe geben.

Im Evangelium hörten wir gerade von einer Hochzeit: Nur die Fünf durften mitfeiern, die Öl in ihren Krügen hatten. Sie feiern heute selbst Hochzeit: Dieses Fest wird nur dann eine lange Hoch-Zeit werden, wenn Sie genügend Öl mit in die Ehe bringen. Darum halte ich es für angebracht, über dieses Öl etwas nachzudenken.

Sie ahnen sicher schon, in welche Richtung meine Gedanken gehen, wenn ich Sie daran erinnere, daß ohne Öl ein Getriebe heißläuft: Zu schnell kann im Alltag der Docht verbrennen und dadurch das Licht verlöschen, wenn er nicht genügend Öl trinken kann. Was bedeutet dieses Öl? Es ist gewissermaßen das „Schmieröl" in Ihrer Ehe, das Reibungen verhindern hilft.

Mutter Teresa von Kalkutta sagte einmal dazu: „Die Öltropfen in unseren Lampen sind die kleinen Dinge im täglichen Leben: Treue, Pünktlichkeit, kleine freundliche Worte, ein Gedanke an andere, unsere Art und Weise zu schweigen, zu sprechen und zu handeln." Paulus zählte eben in der Lesung auf: Aufrechtes Erbarmen, Güte, Demut, Milde, Geduld, Vergebung, Liebe, Friede, Dankbarkeit. (Kol 3,12–15; oder Phil 4,4–9) Hier kann auch ein Dank an die Eltern … und Freunde des Paares eingeflochten werden. Denn die gute Begegnung mit ihnen schenkte ja schon in der Vergangenheit Öl in die Krüge des Lebens, die jetzt mit in die Ehe genommen werden können.

Ich darf ergänzen: Das Öl in den Lampen ist Ihr Vertrauen zueinander, aber auch die Geborgenheit in Gott, in dessen Hände Sie sich heute in besonderer Weise begeben. Das wird gleich deutlich, wenn ich Ihre ineinandergelegten Hände mit dieser Stola umgebe, die geschmückt ist mit dem Zeichen Christi. Vertrauen zueinander und die Geborgenheit in Gott umgeben Ihre Ehe mit einem Schutzmantel, an dem alle Versuchungen und Gefahren unserer Umgebung abprallen können. Die Atmosphäre des Vertrauens und der Geborgenheit ergeben auch die nötige Nestwärme, in die Ihre Kinder einmal eintauchen müssen, wenn sie gesund an Leib und Seele aufwachsen sollen.

So wünschen wir Ihnen für Ihre Ehe jederzeit genügend Öl in Ihren Krügen, damit Sie Licht für die Welt sein können (Mt 5,14). Zudem brauchen wir in Staat und Kirche Ihr Ja und Ihren guten Willen, um in manche Dunkelheit dieser Welt hineinzuleuchten.

Nach der Liebe, dem Öl in Ihren Krügen, werden Sie auch am Ende Ihres Lebens gefragt. Ihre Liebe zueinander und zu Gott entscheidet dann darüber, ob Sie – wie die törichten jungen Frauen – vor der Tür stehenbleiben müssen oder ob Sie zum ewigen Hochzeitsfest mit dem Sohne Gottes eintreten dürfen. Wenn Sie in Ihrer Ehe seine Hand nicht loslassen, dann können Sie den richtigen Weg gar nicht verfehlen.

Jetzt entzünde ich dieses Ihr Öllämpchen an den Altarkerzen und lasse es während dieses Gottesdienstes auf dem Altar brennen. Vielleicht entzünden Sie es zur Erinnerung an diese Stunde jeweils an Ihrem Hochzeitstag – oder auch öfter. Der Docht und das Lämpchen vertragen es – *wenn* Sie für genügend Öl in Ihrer Ehe sorgen.

28
Vom Weitblick

Trauansprache mit einem gestickten Bild

Vorbereitung
Ein gesticktes Bild oder geknüpfter Wandbehang. (Sich einige
Zeit vorher mit der Verwandtschaft oder dem Verein eines der
beiden Brautleute in Verbindung setzen, um dieses Geschenk
anzuregen; durch die Predigt wird es gewissermaßen „eingeweiht".)

Lesungen
Koh 4,9–12: Eine dreifache Schnur reißt nicht so schnell;
1 Kor 13,4–8 a: Die Liebe hält allem stand;
Mt 17,1–9: Auf dem Berg der Verklärung dürfen die Jünger für
Augenblicke den Himmel erahnen;
Joh 15,9–12: Bleibt in meiner Liebe.

Ansprache

Dieses farbenfrohe, gestickte Bild, das Ihnen N. zur Hochzeit
schenkt, darf ich gewissermaßen durch diese Ansprache ein-
weihen. So wird es Ihnen ein besonderer Weggefährte auf dem
gemeinsamen Weg sein. Vielleicht erhält es deshalb auch in Ihrer Wohnung einen Ehrenplatz.
1. Ihre Ehe gleicht einem geknüpften Teppich oder diesem
gestickten Bild. Heute beginnen Sie mit dieser Handarbeit, jeden Tag kommen ein paar Fäden hinzu. Ein orientalisches
Gleichnis erzählt, jeder Mensch, jedes Ehepaar muß am Ende
des Lebens seinem Schöpfer ein Bild überreichen, das zu Lebzeiten angefertigt worden ist. Jedes Ereignis im Leben – es gibt
freudige und traurige Begebenheiten, gute und böse Tage –

muß in bestimmten Farben hineingestickt sein, so daß das Bild schließlich zum genauen Abbild des Lebens oder des Miteinanders geworden ist. Wir wünschen Ihnen, daß Ihr Ehebild einmal so ein buntes lebendiges Muster hat wie dieses kleine Kunstwerk!

2. Die Nadel, mit der Sie die Fäden einsticken, sollte die Liebe sein. Sie hält alles zusammen. Die Liebe kann viele Namen haben: Güte, Geduld, Verzeihen, Friede, Dankbarkeit. Wenn Sie damit sticken, wird es Ihnen nie lästig sein, die Ereignisse eines Tages einzuarbeiten. In der Liebe bleiben Sie auch mit Gott verbunden, der Ihnen in Ihrer Ehe zur Seite stehen will. Und darum sind Sie heute hierhergekommen, um in seiner Gegenwart, vor seinem Angesicht, Ihre Liebe zueinander felsenfest zu verankern. Die Stola, die ich gleich um Ihre Hände lege, soll das ausdrücken.

3. Es werden auch Tage auf Sie zukommen, da werden Sie am Abend fragen: Warum läßt Gott das zu? Gibt es denn eine Gerechtigkeit, strafen manche Ereignisse nicht seine Barmherzigkeit Lügen? Auf vieles kann ich Ihnen keine Antwort geben, auch Jesus hat am Kreuz die Frage „Warum?" gestellt, aber Hinweise kenne ich schon:

Das meiste Leid verursacht der Mensch in seiner mißbrauchten Freiheit. Insofern ist Gott nicht allmächtig, denn er hat uns nicht zu Marionetten degradiert. Wir haben die Freiheit, uns sogar gegen Gott und das Gute zu entscheiden. Darin hat er uns sein größtes Geschenk gemacht. Das ist der erste Hinweis.

Nun der zweite:

Fragen wir nicht „Warum?", sondern „Wozu?"! Auch Jesus hat keine Antwort auf das „Warum" gegeben, sondern das, was er nicht ändern konnte oder wollte, durchgetragen und so die Welt erlöst. Sie lassen sich heute im besonderen Maße auf einen Gott ein, von dem wir glauben, daß er auf krummen Zeilen gerade schreiben kann!

Und das ist mein dritter Hinweis: Schauen Sie auf die Rückseite dieses gestickten Bildes: Sehen Sie das Gewirre der Fäden, die Knoten, das verwischte Muster? Oft sehen wir im Leben nur diese Rückseite der Ereignisse, die uns verwirrt und bedrängt und traurig stimmt. Nach vielen Jahren oder erst am Ende des Lebens dürfen wir auf die schöne Seite des Bildes oder des Teppichs schauen und erkennen: Gerade da, wo uns alles gegen den Strich lief, da entstand ein besonders schönes

Muster. Fragen Sie heute die Älteren. Es gibt sicherlich etliche mitten unter uns, die bestätigen können, daß sie nach vielen Jahren wieder einen Sinn im ganzen Stickmuster ihres Lebens erkennen konnten.

4. Heute beginnen sie, das Abbild Ihrer Ehe zu sticken. Die Kinder, die wir Ihnen wünschen, mögen die schönsten Blumenmuster werden, an denen Sie sich erfreuen können. Aber auch ein offenes Haus, eine gelebte Gastfreundschaft bringen Farbe und Konturen auf Ihren gemeinsamen Weg. Die guten Freunde, Ihre Mitarbeit in der Gesellschaft des Staates oder einer Pfarrgemeinde innerhalb der Kirche, all die vielen Ereignisse, die Sie weiterwachsen und reifen lassen, das alles möge in das lebendige Muster des kleinen Kunstwerkes Ihrer Ehe eingewoben werden!

So nehmen Sie dieses kleine Kunstwerk mit in Ihre Ehe. Es kann Sie „in guten und bösen Tagen, in Gesundheit und Krankheit" an das Gesagte erinnern.

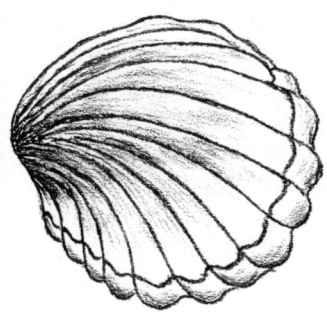

29.
Das Kostbare
suchen und behüten

Trauansprache mit einer Muschel

Vorbereitung
Je eine schöne Muschelhälfte für beide Partner. (Für jeden Besucher eine Muschel, wie sie zu Tausenden an den Stränden liegen.)

Lesungen
Koh 4,9–12: Zwei sind besser dran als einer allein;
Mt 13,45: Das Gleichnis von der Perle;
Mt 19,3–6: Mann und Frau werden eins.

Ansprache

Je eine Muschelhälfte möchte ich Ihnen beiden als Erinnerung an diese Stunde mit in die Ehe geben. Vielleicht geben Sie ihr einen gut sichtbaren Platz in Ihrer Wohnung, damit Ihr Blick sie ab und zu streift und Ihnen der eine oder andere Gedanke wieder in den Sinn kommt.
1. Ist diese Muschel nicht ein kleines Kunstwerk? Wie reich ist unsere Natur immer noch, daß sie Millionen davon an die Strände schwemmt. Und jede ist unverwechselbar anders! –
Auch Sie, liebes Brautpaar, sind unverwechselbar anders und liebenswert unter 5 Milliarden Menschenkindern! Wir freuen uns, daß Sie jetzt den Entscheidungsprozeß hinter sich haben und Ihre beiden Muschelhälften zusammenfügen wollen, um Kostbares darin zu hüten.
2. Aber betrachten Sie zunächst die offene Hälfte. Sie ist bereit zu empfangen und sich füllen zu lassen. Sie freuen sich schon auf die „Flitterwochen". Wir wünschen Ihnen, daß Sie

dann am Strand oder in den Bergen Ihre Seele so offen wie diese Muschel in die Sonne halten, um Ihre innere Schale, den inneren Brunnen, füllen zu lassen. Das klingt zwar egoistisch, aber es ist wichtig, daß *Sie* sich selbst zunächst wohl fühlen. Erst wenn Ihre innere Schale gefüllt ist, können Sie daraus austeilen. Dieser kleine Satz des Hauptgebotes ist oft übersehen worden: „Du sollst den Nächsten lieben *wie dich selbst*." Sie brauchen zunächst dieses Selbstwertgefühl, zu sich ja zu sagen, wie Sie sind – mit Ihren Talenten und Unzulänglichkeiten. Sie brauchen Zeit, auch in der Zweisamkeit der Ehe, sich selbst als Person immer wieder zu finden. So erst werden Sie Partner, der aus seiner Schale abgeben kann, der wirklich ein Gegenüber, nicht nur ein Schatten oder eine Klette ist. So nur wird wirkliche Partnerschaft möglich: Im Geben und Nehmen, im Nehmen und Geben – denn nicht jeder hat seine Schale ständig gefüllt.

3. In der Ehe fügen Sie ihre beiden Muschelhälften zusammen, wie es beim Evangelisten Mattäus heißt: „Mann und Frau sind dann nicht mehr zwei, sondern eins. Was aber Gott verbunden hat, das darf der Mensch nicht trennen" (Mt 19,6). Die beiden Hälften der Muschel müßten sich so aneinander angleichen, daß das kostbare Innere nicht gefährdet ist: Die Geborgenheit, das Vertrauen, die Liebe. Irgendwann auch das, was Sie „unser Schatz" nennen werden, ein Kind.

Aber Partner verändern und entwickeln sich. Manche Ehepartner schließen nur noch Eheverträge auf eine bestimmte Zeit ab. In der sogenannten Selbstverwirklichung, wie es heute so schön heißt, können Sie ja so auseinanderdriften, daß nach wenigen Jahren Ihre Muschelhälften nicht mehr zueinander passen. Nichts gegen die Selbstverwirklichung. Sie brauchen auch in der Ehe nicht Ihre Persönlichkeit und Ihre Weiterentwicklung aufzugeben, aber nach dem heutigen Ja zueinander muß jede Selbstverwirklichung auch mit dem Blick auf den Partner erfolgen.

4. Mit etwas Phantasie können Sie sich eine Perle in Ihrer Muschel vorstellen. Eine kostbare Perle entsteht eigentlich aus einem Unglück heraus. Ein scharfes Sandkorn gerät in die Weichteile einer Muschel. Das kann tödlich ausgehen! Aus Notwehr gegen den schmerzenden Eindringling bildet die Muschel eine Perlmuttschicht, die nach einiger Zeit aus dem Steinchen eine Perle werden läßt. Damit will ich sagen: Was lästig und

schmerzend ist, kann zur kostbaren Perle werden. Ich sage das bewußt, weil heute allem Unangenehmen möglichst aus dem Wege gegangen wird. Wir wünschen es Ihnen nicht, aber in Ihrer Ehe kann Sie auch Schweres und Unvorhergesehenes treffen. Das muß nicht zur Katastrophe ausufern. Aus Leid kann auch Heil werden. Sie beginnen heute im Ehesakrament auch den Bund mit Gott; mit IHM, von dem wir glauben, daß er auf krummen Zeilen gerade schreiben kann. Wir haben es in Jesus gesehen: Leid und selbst der Tod hatten nicht das letzte Wort, sondern waren Anfang für eine ganz andere Wirklichkeit.

5. Darum suchen Sie diese kostbarste Perle des Lebens, von der wir im Evangelium gehört haben. Jesus als Wegbegleiter, den wir in guten und bösen Tagen an unserer Seite wissen, ist wirklich die besonders wertvolle Perle, für die wir alles andere hergeben. Wir wünschen Ihnen dieses Suchen und die Sehnsucht nach der kostbarsten Perle. Die Muschelschalen sollen Sie daran erinnern.

Vgl. die Trauansprache mit einer Pilgermuschel in diesem Buch.

30.
Vom Träumen und dem guten Ende

Trauansprache mit einem Kaleidoskop

Vorbereitung
Ein Kaleidoskop – das es als Spielzeug schon sehr preiswert
gibt. (Wenn Sie etwas mehr anlegen wollen, wenden Sie sich
z. B. an das Glaskunst-Handwerk Virtum, Talstr. 4, D-5509
Muhl, Tel. 06503/3234.)

Lesungen
Hld 8,6–7: Die Liebe hält allem stand;
1 Kor 13,4–8 a: Was wirkliche Liebe alles vermag;
Mt 17,1–9: Die Verklärung Jesu (Die Jünger durften einen Au-
genblick „über den Horizont hinausschauen");
Joh 15,9–12: Bleibt in meiner Liebe.

Ansprache

Dieses Spielzeug möchte ich Ihnen als Erinnerung an diese
Stunde mit auf den Weg in Ihre Ehe geben. Ein Kaleidoskop
(hindurchgucken!), eine „Schönbildschau" – wie eine Überset-
zung lauten würde (kalos = schön; eidos = Bild; skopein =
schauen – aus dem Griechischen). Legen Sie es irgendwo gut
sichtbar in Ihrer Wohnung hin – bis auch Ihr Kind, so Gott will,
einmal hindurchschauen und staunen kann.
  1. *Träume sind wichtig.* Ich wählte diesen Gegenstand, damit Sie in der Ehe das Träumen nicht vergessen. Wir brauchen
Träume, um der Phantasie, dem Willen und der Tatkraft Raum
zu schaffen. Ich meine nicht die Tagträume, die oft nur Zeit
stehlen und uns aus der Wirklichkeit fliehen lassen. Ich meine
die Träume, die verwirklicht werden können, so wie Sie diese

Stunde oft herbeigeträumt haben, und nun stehen Sie in der Wirklichkeit. So kann es noch mehr Träume geben, die unsere Schritte beflügeln: Der Traum vom eigenen Heim, dem Aufstieg im Beruf, von gesunden, lieben Kindern – und natürlich vom Glück in der Ehe. Wir wünschen Ihnen heute auch die Erfüllung dieser Träume und werden nachher darum bitten und beten.

2. *Ausspannen!* Sie brauchen auch täglich Minuten der Entspannung und des Spiels. Der Bogen der täglichen Belastungen kann *nicht immer* gespannt sein, sonst zerbricht er eines Tages, oder seine Kraft gibt nicht mehr viel her. Dabei kann Ihnen auch dieses schöne Spielzeug helfen: Drehen Sie dann manchmal das Kaleidoskop, damit Sie nicht durchdrehen! Sie brauchen das Alleinsein, die Einsamkeit – das ist etwas anderes als Vereinsamung und Verlassenheit. Sie brauchen die Stille, die Besinnung, auch das Gebet. Wer immer nur aktiv ist und austeilt, merkt irgendwann nicht mehr, wie das Fingerspitzengefühl nachläßt, das Zuhören-Können schwerer fällt, der Blick für die kleinen Dinge am Wege oberflächlicher wird. Habe ich Sie überzeugt, wie wichtig Minuten der Entspannung sind, um die Sprache des Herzens nicht zu verlieren? Hier beginnen nämlich die Risse im Gebäude einer Ehe. Sie brauchen gerade in Krisen ein Selbstwertgefühl, das Sie wieder ja sagen läßt zu sich selbst. Das ist erlaubt, notwendig! Es heißt ja auch im Hauptgebot: Liebe Gott und den Nächsten *wie dich selbst!* Es gibt Ansätze einer erlösenden Selbstliebe. Das Ja zu sich selbst ist sogar Vorbedingung für die Gottes- und Nächstenliebe – sagen uns die Psychologen. Wer nein zu sich sagt, macht Gott für alles mögliche verantwortlich, sagt auch nicht vorbehaltlos ja zu Gott. Nehmen Sie sich also täglich Minuten für sich selbst – wenn Sie eine gute Ehe führen wollen.

3. *Selbst Scherben zeigen wieder Ordnung.* Wenn Sie dieses Kaleidoskop auseinandernehmen, um hinter die herrlichen Bilder zu kommen, die sich beim Drehen immer wieder phantastisch verändern, dann stellen Sie fest, es sind nur Bruchstücke von bunten Kristallsteinen, kleine Drahtreste und Spiegel ... Es gibt also gerade im Zusammenspiel der Scherben und Bruchstücke Schönheit!

Sie wissen nicht, ob in Ihrer Ehe nur schöne Ereignisse auf Sie warten. Vielleicht erblicken Sie manchmal nur noch Chaos, einen Scherbenhaufen Ihrer Bemühungen. Dann bitte ich Sie:

Denken Sie an diese „Schönbildschau"! Sie lassen sich nämlich heute auf einen Gott ein, von dem wir glauben, daß er auf krummen Zeilen gerade schreiben kann, daß er alles Bruchstückhafte zum guten Ende bringen kann. Er hat es in seinem Sohn gezeigt, der im vermeintlichen Scheitern am Kreuz die Mauer zu einer anderen Welt aufbrach. Vielleicht sehen wir nach dem Tod erst, daß Gottes Wege anderen Gesetzen unterlagen. Manchmal erkennen wir aber schon nach Jahren, wie sich über alles Hoffen und Begreifen hinaus Wege „zufällig" zusammenfügen. Nehmen Sie den festen Glauben daran mit in die Ehe. Dieser Gott, der sich mit Ihnen auf den Weg macht, gibt uns seinen Sohn als Weggefährten mit. Das wird gleich deutlich, wenn Ihre Hände in diese Stola gebunden werden, die nichts anderes als ein Symbol für Jesus Christus ist. „Bleibt in meiner Liebe!" (Joh 15,9), hat dieser Jesus Ihnen eben in den der „Frohen Botschaft" gesagt. Wir wünschen Ihnen, daß Sie in guten und bösen Tagen seine Nähe spüren und er alles zu einem guten Ende führt.

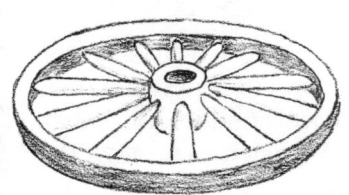

31.
Vom festen Halt

Trauansprache mit einem alten Wagenrad

Vorbereitung
Ein getöpfertes Wagenrad. (Vielleicht steht auch ein großes gut
sichtbar im Altarraum.)

Lesungen
1 Joh 4,16 b–21: In der Liebe bleiben;
Mt 22,35–40: Gottes- und Nächstenliebe (Hauptgebot);
Joh 15,1–5: Bleibt in mir, dann bleibe ich in euch (Weinstock –
Reben).

Hinweis
Bitte auswählen!

Ansprache

Dieses getöpferte Wagenrad darf ich Ihnen in Erinnerung an
diese Stunde mit in die Ehe geben. Vielleicht nimmt es als
Wandschmuck einen besonderen Platz in Ihrer Wohnung ein.
Und wenn Ihr Blick darauf fällt, dann rufen Sie sich den einen
oder anderen der folgenden Gedanken wieder ins Bewußtsein:
1. Um so eine Speiche im Rad zu sein – und wir alle sind
Speichen im Getriebe der Arbeitswelt, des Staates, der Kirche
– müssen die Ecken und Kanten dieses Holzes passen. Wenn zu
Beginn im Rad der Ehe noch nicht alles festsitzt, dann bringen
Sie die Bereitschaft mit, sich zu ändern bzw. sich vom anderen
ändern zu lassen. Ohne echte Kompromisse läuft nichts!
2. Jede Speiche braucht eine Mitte, die sogenannte Nabe, die
sie hält und ausrichtet. Wie wir eben im Evangelium gehört ha-

97

ben, ist die Mitte für uns als Christen Gott, der in Christus sich neben uns Menschen stellte. Wenn wir uns in Christus verankern lassen, dann bleiben wir mit ihm verbunden und haben einen Halt in guten und bösen Tagen. Wer sich in seiner Freiheit aus der Mitte verlagert, kann ins Schleudern kommen: das Rad eiert.

3. Je näher die Speichen der Mitte kommen, um so mehr nähern sie sich auch einander. Das darf ich am Sakrament der Ehe deuten: Indem *Sie* sich gleich das Sakrament der Ehe spenden – der Priester ist fast nur „kirchlicher Standesbeamter" –, kommen Sie zunächst Jesus ganz nahe. Immer wenn Ihre Liebe hin- und herfließt, auch in der verzeihenden Liebe, kommen Sie Christus so nahe wie beim Empfang der hl. Kommunion. Am Sinnbild des Wagenrades können Sie das Geheimnis der hl. Eucharistie leichter verstehen: Wir werden in der Kommunion mit Christus *und untereinander* verbunden.

4. Die Speiche braucht auch den Halt und die Verbindung nach außen, zur Felge. Hier wirkt sich die Gottesliebe in der Nächstenliebe aus. Auf die Dauer können Sie nicht in die Zweisamkeit der Ehe flüchten; sie würde schnell zum Gefängnis. Sie brauchen weiterhin die Verbindung zu Ihrer Familie, zur Verwandtschaft und zu Ihren Freunden. Darum stellen sich gleich bei der Trauung die engsten Angehörigen im Halbkreis um sie herum, was aussagt: Wir Speichen sind auch durch die Felge gehalten – im kleinen und großen sozialen Netz.

5. Der eiserne Reifen um die Felge gibt zusätzlich Festigkeit, Halt und Schutz. Beim kleinen Rad Ihrer Ehe könnte ich vieles aufzählen, was Sie schützt. Das Wichtigste ist jedoch Ihre Liebe, Ihre Treue, Ihr Vertrauen zueinander. Unsere Feier hat die schöne Bezeichnung „Trauung" = sich trauen. Zum Schutz Ihrer Ehe zählen weiterhin Ihre verzeihende Güte, Ihr Wille zum Frieden bis hin zu den kleinen Worten wie „Danke", „Ich liebe dich", „Ohne dich könnte ich mir das Leben nicht vorstellen". Wenn dieser äußere Reifen um die Felge als Schutz intakt bleibt, dann zerspringen alle Steine, die Ihnen auf der Fahrt des Lebens in den Weg gelegt werden.

6. Manchmal kann das Rad im Morast der Schwierigkeiten steckenbleiben. Dann brauchen Sie gute Freunde oder eine Gemeinschaft, in der Sie einen Teil Ihrer freien Zeit verbringen, oder auch die Hilfe der Christen, die mit in die Speichen greifen, um für die Weiterfahrt flottzumachen. Wir, die wir hier

sind, hoffen, daß Sie in Zukunft nicht von uns enttäuscht werden, damit Ihre Ehe nicht in den Schwierigkeiten steckenbleibt.

7. Damit das Rad intakt bleibt, sagen Sie gleich auch ja zu Kindern. Kinder sind neue Speichen, die das Rad stabilisieren; die Ihnen selbst Halt und Lebenssinn schenken.

Jetzt freue ich mich darauf, mit dieser Stola, mit dem Zeichen für Christus, Ihre ineinandergelegten Hände einzubinden, damit Sie ganz fest in der „Nabe" Christus verankert sind, von dem es eben im Evangelium hieß: „Bleibt in mir, dann bleibe ich in euch!" (Joh 15,4).

32.
Von der Treue

Trauansprache mit einem Rosenstrauch

Vorbereitung
Ein Rosenstrauch zum Einpflanzen.

Lesungen
Röm 13,8–10: Die Liebe schulden wir immer;
1 Kor 13,4–8 a: Vom Hohenlied der Liebe.

Ansprache

Diesen Rosenstrauch möchte ich Ihnen zum Einpflanzen in Ihr Gärtchen schenken. Wenn er durchhält und einmal alt und knorrig geworden ist, brauchen Sie nur einen Trieb abzuschneiden und in die Erde zu setzen, und er treibt neu aus. Das ist auch ein Symbol für die sich immer wieder erneuernde Liebe. – Von diesem Rosenstrauch können Sie immer wieder einmal drei Rosen abschneiden und sich dabei an das erinnern, was jetzt über drei Rosen gesagt wird.

Sie werden in Ihrer Ehe oft darüber nachdenken und manchmal auch den Partner fragen wie Jesus im Evangelium: „Liebst du mich?" Beim dritten Mal wurde Petrus traurig. Das würden Sie, so kurz hintereinander gefragt, auch werden, weil ja fast Zweifel herauszuhören sind! (Beim Evangelisten Johannes zielt das dreimalige Fragen auf das dreimalige Verleugnen Petri hin – drei Kapitel vorher.)

Darf ich im übertragenen Sinne und frei nach Phantasie das dreimalige Fragen einmal ausdeuten?

1. Wenn Ihr Partner *heute* fragen würde! Stellen Sie sich Ihre jetzige Liebe als Rose vor: So ausstrahlend, zärtlich und

duftend! Klar, wie beflügelt, schnell und sicher die Antwort käme! Es ist ja Hochzeit – Hoch-Zeit – Hohe Zeit.

2. Aber stellen Sie sich die Rose mit scharfkantigen und verletzenden Dornen vor. Ihr Partner wäre verunglückt – vielleicht mit lebenslänglichen Folgen – oder fremdgegangen! Letzteres kann schlimmer als „tot" sein – denn da wäre ein anderer Mensch, der Ihnen etwas genommen hat. Aber Ihr Partner käme zurück, vielleicht heruntergekommen ... Und dann die Frage: „Liebst du mich (noch)?"

3. Und stellen Sie sich die dritte Rose aus diesem Rosenstrauch vor: Verblüht, aber umgeben von all dem, was sie hinterlassen hat, vielleicht mit Urenkeln auf dem Schoß. Und die Frage: „Hast du mich auch jetzt noch lieb, wo meine Geistes- und Körperkraft so nachlassen? Liebst du mich *alle* Tage, auch wenn ich verblüht bin?"

Sie merken, wirkliche Liebe beinhaltet mehr als ein leichtfertiges „I love you"; in der Lesung haben wir es gehört: „Sie erträgt alles, glaubt alles, hofft alles, hält allem stand. Die Liebe hört niemals auf" (1 Kor 13,7.8 a). Eine solche Liebe übersteigt manchmal unsere menschlichen Kräfte. Aber darum sind Sie hier: Wer sich von Gott halten läßt, schöpft daraus Kraft für eine Treue bis in den Tod. Darum legen Sie gleich Ihre Hände ineinander als Zeichen Ihrer Liebe und Ihres Vertrauens zueinander. Und ich lege diese Stola, Zeichen für Christus, um Ihre Hände: Er will mittragen in guten und bösen Tagen. In IHM sind Ihre guten Absichten und Kräfte verankert, solange Sie mit IHM verbunden bleiben wollen. Darum heißt es auch bei Johannes ein paar Kapitel vorher: „Bleibt in mir", spricht Christus, „dann bleibe ich in euch, getrennt von mir könnt ihr (in den Augen Gottes) nichts vollbringen!" (Joh 15,4.5.).

Aufschlußreich ist auch, daß der auferstandene Christus vor seiner entscheidenden Frage zunächst mit Petrus und den anderen den eucharistischen Gottesdienst feiert: „Jesus trat heran, nahm das Brot und gab es ihnen ..." (Joh 21,13). Auch dadurch werden wir damals wie heute mit Christus verbunden und erfahren daraus Kraft!

So lassen Sie sich jetzt mit Gott und Christus verbinden. Und dieser Rosenstrauch möge Ihnen viele duftende, zärtliche Rosen schenken, an denen auch Ihre Kinder einmal Freude haben sollen.

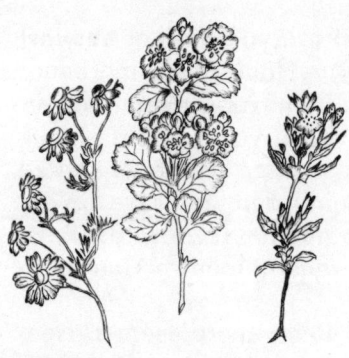

33.
Was heilen kann

Trauansprache
mit einem Bündel Heilkräuter

Vorbereitung
Ein bunter Strauß mit einigen Heilkräutern.

Lesungen
Kol 3,12–15: Heilkräuter (= Demut, Geduld ...) für die Ehe;
Joh 15,9–12: Bleibt in meiner Liebe.

Hinweis
Bitte unbedingt auswählen! An vielen Stellen sind die Aussagen übrigens mit einem kleinen Lächeln zu begleiten.

Ansprache

Wir entdecken heute wieder die Kräfte der Natur. Darum schenke ich Ihnen für Ihren gemeinsamen Lebensweg symbolisch dieses Bündel Heilkräuter, damit Sie Ihre Ehe – gesund an Leib und Seele – zu einem Fest gestalten können. Vielleicht hängen Sie es irgendwo in der Wohnung gut sichtbar auf, um sich an den heutigen Tag zu erinnern.
1. Das erste Heilkraut: Es könnte ja sein, daß Sie irgendwann in Depressionen fallen, wenn die Wirtschaftslage nicht mehr so gut ist, wenn Sie einander nicht mehr zu verstehen meinen, wenn Leere in Ihre Ehe einzieht. Bei Depression hilft das Heilkraut der *Mistel.*
Paulus nennt in der Lesung, die wir eben gehört haben, das Heilkraut der *Dankbarkeit* (Kol 3,15 b). Dankbar bleiben für den Partner, der sich mir schenkt, und selbst ein Mensch werden, für den der andere dankbar sein kann. Seien Sie dankbar

auch für die kleinen Dinge, dann brauchen Sie nicht neidisch einer Umwelt nachzulaufen, die immer höhere Türme bauen will und sich doch immer mehr in die Unzufriedenheit und Traurigkeit des Herzens verliert.

2. Ständiger Ärger auf der Arbeitsstelle kann zu Magengeschwüren führen, die natürlich bis in die Ehe und Familie hineinwirken. In diesem Falle eignet sich die *Lakritzenwurzel* ausgezeichnet, denn sie beruhigt.

Paulus nannte eben als Heilkraut *„Ertraget euch gegenseitig"* (Kol 3,13). Das kann auch heißen: Tragt euch gegenseitig, um mit dem Ärger und den Anforderungen fertigzuwerden, die jeder von außerhalb und auch aus der Zeit vor der Ehe einbringt; nicht nur schmerzlich ertragen, sondern manchmal auch augenzwinkernd von beiden Seiten.

3. Bei Wunden hilft das Heilkraut *Spitzwegerich*, auch bei Wespenstichen. Ich denke bei Wunden an die kleinen Verletzungen im täglichen Umgang: die Sticheleien; ein „schwarzes" Wort, das Unheil auslöst; die gefährliche Ironie.

Paulus weist auf die Demut hin, den Mut zum Dienen. Wer den anderen in der Ehe höher stellt als sich selbst, der steht nicht in der Gefahr, ihn leichtfertig zu beleidigen.

4. Manchmal reinigt ein Gewitter in der Ehe die Atmosphäre. Sollten Sie sich dabei heiser geschrien haben, nützt das Heilkraut *Holunder*.

Paulus preist die *Güte* an, die Freundlichkeit des Herzens. Bei diesem Heilkraut stellt sich – auch bei Auseinandersetzungen, die sein müssen – Heiserkeit erst gar nicht ein.

5. Manchmal beklagen Ehepartner, daß der andere beim Gespräch nicht mehr richtig zuhört. Das kann bei Streß und Hetze eine Konzentrationsschwäche sein, gegen die das Heilkraut *Panax Ginseng* („Menschenwurzel") ausgezeichnet wirkt.

Paulus empfiehlt die *Milde*, wenn der Ehepartner die Herztöne des anderen nicht mehr vernimmt. In der Milde liegt eine Menge Selbstlosigkeit, die den anderen aus seiner Verkrampftheit holen kann.

6. Bei zunehmender Nervosität rettet Sie der *Hopfen*. Aber warum die Nervosität? Haben Sie sich zu viele Aufgaben vorgenommen, die Ziele zu hochgesteckt, sich zu viele Posten aufbürden lassen, so daß jetzt nichts mehr ordentlich gemacht wird?

Paulus lobt den *Frieden* als Heilkraut in der Ehe. Um ihn zu erreichen, muß ich zu vielen Dingen auch nein sagen.

7. Wenn die Kinder, die wir Ihnen wünschen, einmal zu sehr lärmen, könnten sich Kopfschmerzen einstellen. Dagegen wirkt *Melisse*.

Paulus schwört auf das Heilkraut *Freude*, die das Herz so weit macht, daß sich ein Verkrampfen der Gefäße erst gar nicht einstellt.

8. Wenn aus Kindern Jugendliche werden, die Ihnen eine Menge an den Kopf werfen, dann können sich durchaus Verdauungsbeschwerden einstellen. Davon befreit das Heilkraut *Enzian*.

Paulus lädt ein zum *Erbarmen*. Erbarmen bzw. Barmherzigkeit ist Jugendlichen gegenüber angemessen, die manchen Verlockungen unserer Zeit einfach nicht gewachsen sind. Wenn Jugendliche ungenießbar sind, dann haben sie eben manches noch nicht verdaut. Da hilft aber kein Kopfschütteln oder Härte, sondern eher ein weites Herz.

9. Wenn Ihre Ehe in Gefahr gerät und der kalte Angstschweiß Sie nachts nicht schlafen läßt, hilft *Baldrian*.

Paulus setzt auf das Heilkraut „*Vergebt einander!*" So gelingt immer wieder ein neuer Anfang.

10. Wer es in der Ehe mit der Treue nicht so ernst meint und viele Seitenblicke wagt, der braucht sich nicht über einen Hexenschuß im übertragenen Sinne zu wundern. Dagegen wirkt das *Johanniskraut* Wunder.

Im Evangelium hörten wir die Worte Jesu „*Haltet die Gebote!*". Mit diesem Heilkraut, in dem auch „Disziplin" steckt, bleibe ich auf dem richtigen Weg. Ehebruch fängt bereits in Gedanken an. Darum reicht der Auftrag „Haltet die Gebote!" bis in die Gedanken und Worte hinein.

11. Wir wünschen es Ihnen nicht, aber es können Ereignisse auf Sie zukommen – Krankheit oder Tod eines lieben Menschen –, die Herzbeschwerden hervorrufen. Da nützt der *Weißdorn*.

Eigentlich ist kein Kraut gegen den Tod gewachsen, auch nicht gegen die Trauer um einen geliebten Menschen, aber Paulus empfiehlt neben dem Glauben die *Geduld*. Wir glauben ja an einen Gott, der auf krummen Zeilen gerade schreiben kann. Oft können wir erst nach Jahren einen Sinn hinter den Ereignissen entdecken.

12. Dieses letzte Heilkraut klingt etwas banal, aber es wirkt: *Knoblauch*. Wer es regelmäßig von Jugend an genommen hat, erreicht nachgewiesenermaßen ein hohes Lebensalter in erstaunlicher Frische. Ich empfehle es Ihnen mit Petersilie und Quark zubereitet zum Frühstück. Da von Knoblauch auch äußerlich eine starke Wirkung ausgeht – Sie ahnen, was ich meine –, kann es Ihnen zudem den ganzen Tag die vom Leibe halten, die in Ihre Ehe einzudringen versuchen.

Gibt es auch auf der anderen Ebene ein Heilkraut, das immer hilft? Die Bibel nennt die *Liebe*; sie erträgt alles (1 Kor 13,4–8 a). Die Liebe führte Sie zusammen, Sie kann Sie auch immer wieder heilen. Jesus sagt zusätzlich im Evangelium: „Liebt einander, so wie ich euch geliebt habe" (Joh 15,12). Weil Gott uns liebt, können wir die Liebe weitergeben. Es ist kein Müssen und Sollen, sondern ein Weiterfließen der göttlichen Liebe über Sie bis hin zu Ihren Kindern und zu allen Menschen. Paulus nennt die Liebe „das Band, das alles zusammenhält und vollkommen macht" (Kol 3,14).

Das *Band* der Liebe, das alles zusammenhält, liegt darum auch um diese Heilkräuter. Das Band der Liebe Gottes, diese Stola hier, die geschmückt ist mit dem Zeichen Jesu, schlinge ich gleich bei der Trauung um Ihre ineinandergelegten Hände. In der Liebe Gottes sind Sie geborgen.

Wir wünschen Ihnen, daß Sie ein ganzes Leben lang in dieser bergenden Liebe Gottes leben, damit Sie heil und gesund in guten und bösen Tagen zusammenhalten.

34.
Vom heilenden Wasser

Trauansprache mit einem Weihwasserkesselchen

Vorbereitung
Vielleicht regen Sie an, daß die Großeltern ein Weihwasserkesselchen schenken, wenn es kostbarer ausfallen soll.

Lesungen
1 Joh 4,16 b–19: In der Liebe bleiben;
Joh 15,1–5: Bleibt mit mir verbunden (Weinstock – Reben);
Joh 15,9–12: Bleibt in meiner Liebe.

Ansprache

Wenn ich nicht um Ihren christlichen Glauben wüßte, hätte ich mich mit diesem Geschenk eines Weihwasserkesselchens (oder: das Ihnen N.N. schenkt), lächerlich gemacht. Ich würde mich freuen, wenn Sie es innerhalb oder in der Nähe Ihres Schlafzimmers aufhängen und sich folgendes zur Gewohnheit machen:
1. Bevor Sie abends müde ins Bett fallen, zeichnen Sie noch ein bewußtes Kreuz mit Weihwasser über sich. Es soll Sie an ein versöhnendes Wort erinnern. Selbst wenn Sie sich nach Streitigkeiten mit eisigem Schweigen bestraft haben – das soll ja in den besten Ehen vorkommen –, versäumen Sie nicht, eine „Gute Nacht" zu wünschen. Vielleicht haben Sie schon einmal in einer Nacht den kalten Angstschweiß gespürt, der nicht schlafen läßt. Den Schweiß des Tages waschen wir vom Körper ab, bevor wir schlafen gehen. Die Seele hat ebenfalls Ansprüche. Wir sind für unsere Träume verantwortlich! Die Seele braucht unsere Hilfe, wenn sie ins Unterbewußtsein steigt – in

das unser Verstand und unser Wille nicht hinunterreichen –, um innerlich befreit ruhen zu können. Darum waschen Sie nach dem Schweiß auch Ihre Wut und Unversöhnlichkeit ab, sonst verzerren und verstimmen sich die seelischen Saiten, wenn Sie einen Ehekrieg über Nacht führen. Ein mit Bedacht geschlagenes Kreuz über uns ist wie ein Abendgebet, wie ein Sich-Verbinden mit Gott, unserer Mitte; wie ein Sich-Legen in seine Hände. So wie ich gleich Ihre ineinandergelegten Hände in diese Stola bette, die geschmückt ist mit dem Zeichen Christi. Jesus Christus ist der Erste in Ihrem Bunde. Im Evangelium heißt es "Bleibt in mir, dann bleibe ich in euch!" (Joh 15,4) und in der Lesung „Wer in der Liebe bleibt, bleibt in Gott, und Gott bleibt in ihm." Die Kraft zu dieser Versöhnung mit dem Partner und der eigenen Seele fließt also aus dieser Verbindung, strömt aus dem Kreuz.

2. Wenn Sie den Tag aus einer ruhigen Besinnung heraus beginnen, gelingt er besser als ein Tag aus besinnungsloser Hast. Darum machen Sie es sich auch morgens zur Gewohnheit, ein Kreuz mit geweihtem Wasser bewußt und langsam über sich zu machen. Ein winziges Morgengebet, das Sie aber daran denken läßt, aus welcher Quelle heraus Sie den neuen Tag beginnen, eigentlich beginnen dürfen.

3. Beide Male, abends und morgens, kann Sie das Weihwasser an Ihre Taufe erinnern. Taufe war das Eintauchen (Taufe kommt von „Tauchen") in Gott, und Sie machen beim Sich-Segnen den damaligen Augenblick wieder gegenwärtig. Dieser Gott nimmt Sie an, so wie Sie sind, damit Sie – in seine Liebe eingetaucht – glücklich leben und durch Glaube, Hoffnung und Liebe alles Böse überwinden können.

Es ist ein guter Brauch, sich das Weihwasser aus der Kirche zu holen. So wie die Taufe uns in die Gemeinschaft der Christen aufnahm, zeigt der Weg zur Kirche immer wieder diese Verbindung zur Gemeinde, zur Gemeinschaft und zur Quelle allen Lebens, zu Jesus Christus selbst.

4. Wasser spendet Leben. Alles Leben kommt ja aus dem Wasser – wie wir aus dem Fruchtwasser, und Wasser fließt durch uns, bis wir sterben. Ein Pfarrer, Sebastian Kneipp, mußte im vorigen Jahrhundert erst wiederentdecken, wie sehr uns Wasser heilen kann. Wasser ist mehr als Brot. Ohne Nahrung können wir mehrere Wochen, ohne Wasser keine zehn Tage leben. Wenn dieses Wasser auch noch mit einem Kreuz be-

zeichnet wird, dann liegt besonderer Segen darauf – wie gleich auf Ihren Ringen, wenn ich sie mit Weihwasser im Namen Jesu besprenge.

So wünschen wir Ihnen, daß Sie sich im Umgang mit diesem Weihwasserkesselchen immer wieder an die Kraft dessen erinnern, der mit Ihnen gehen will – solange Sie mit ihm verbunden sein wollen.

35.
Was verbindet

Trauansprache mit einer sehr großen
Notizzettel- (oder Wäsche-)Klammer

Vorbemerkung
Auch diese Predigt ist für eine Silberhochzeit gedacht, zeigt aber ebenfalls beispielhaft, wie Sie alle Predigten dieses Buches auf Silber- oder Goldhochzeiten umformulieren können.

Vorbereitung
Eine große Notizzettel-Klammer.

Lesungen
1 Kor 13,4–8 a.13: Für jetzt bleiben Glaube, Hoffnung und Liebe;
Joh 15,9–12: Liebt, damit meine Freude in euch ist.

Ansprache

Diese Klammer möchte ich Ihnen als Andenken an den heutigen Tag mit auf den Weg geben. Sie sehen, sie besteht aus zwei Teilen, die von einer Feder zusammengehalten werden. Wenn diese Feder in der Mitte fehlen würde, fielen beide Teile auseinander. Erlauben Sie mir, daß ich mit diesen beiden Teilen Sie beide meine, und ich Sie fragen möchte, was Sie in den 25 Jahren zusammengehalten hat.

Erinnern Sie sich? Sie waren sich begegnet, und an dem Tag oder erst Tage, vielleicht Wochen danach hatte es „gefunkt". Sie merkten, der andere bedeutet mir etwas. Kurz: Ich liebe ihn. Das war die erste Spannkraft der Klammer*, die Sie zusammenhielt.

Im folgenden ist mit „Klammer" sowohl die Spannfeder als auch die ganze Klammer gemeint.

Nach Wochen und Monaten wuchs dann die Überzeugung in Ihnen: Der andere ist der Partner für mein Leben. Ich traue mich, mit ihm ein Leben lang zusammenzubleiben. Ein bedeutungsvolles Wort „Trauung": Wir trauen uns, vertrauen einander!

Nach der Liebe kam also noch die Hoffnung dazu, daß Ihre Liebe ein Leben lang halten wird – in guten und in bösen Tagen. Dann sind Sie eines Tages vor den Altar getreten, nicht so sehr, weil es in der Kirche feierlicher zugeht oder das „dazugehört", nein, Sie wollten die Klammer, die Sie bis dahin zusammenhielt, noch stärker machen. Was mit dem Sakrament der Ehe gemeint ist, wurde am deutlichsten, als Sie sich die Hände gaben und der Priester seine Stola, die geschmückt ist mit dem Zeichen Christi, um Ihre Hände wickelte. Gott legte gleichsam seine Hände um Ihre Hände, um sie festzuhalten, wenn Liebe und Hoffnung zeitweise schwinden. Diese Kraft Gottes kann jeder erfahren, der Gott als Ersten in seiner Ehe zuläßt.

Das ist also die Klammer aus Glaube, Hoffnung und Liebe, die Sie 25 Jahre zusammengefügt hat, eine Klammer, von der wir eben in der Lesung gehört haben. Und Sie sehen ja, wenn die Klammer festsitzt, kann zwischen den beiden Hälften eine Menge festgehalten werden. Da denke ich zunächst an Ihre Kinder. Jedes Kind, das in der Liebe, der Hoffnung und dem Glauben der Eltern seinen Halt und seine Ausrichtung erfährt, hat es leichter, seinen Weg zu finden. Aber wieviel Schwierigkeiten warten auf die Kinder, die aus einer Ehe „herausfallen", in der diese Klammer locker geworden ist oder auseinanderbricht. Ich denke auch an Ihre vielen Freunde, die gerne Ihre Gastfreundschaft in Anspruch nehmen, weil sie etwas von dieser Klammer spüren ...

(Gerade in diesem Teil der Predigt sollten Einzelheiten aus dem Leben des Paares das Gesagte konkreter machen. Z.B. in bösen Tagen, nach Zeiten von Krankheit, Not, Katastrophen oder Versuchung *kann* die Klammer stärker werden.)

Unser Wunsch am heutigen Tag ist, daß Sie beide die Kraft dieser Klammer weiterhin spüren und daß Ihre Treue zum Partner und zu Gott auch viele andere ermutigen und halten kann. Wenn Sie sich jetzt noch einmal die rechte Hand geben und ich diese Stola um Ihre Hände schlinge, dann sollen Sie sich an Ihre Hochzeit zurückerinnern, aber Ihr Versprechen von damals zugleich erneuern:

„Der Herr, unser Gott, festige weiterhin den Ehebund, den Sie damals vor ihm und seiner Kirche geschlossen haben! – Sie alle aber, die Sie hier zugegen sind, nehme ich zu neuen Zeugen dieses heiligen Bundes. ‚Was Gott verbunden hat, das darf der Mensch nicht trennen.‘"

Diese Klammer lege ich jetzt auf den Altar, um sie Ihnen am Ende der Feier mitzugeben. Mitten im Alltag möge sie Sie daran erinnern, daß Sie weiterhin Glaube, Hoffnung und Liebe zusammenhalten soll.

Zuerst veröffentlicht in Klemens Richter (Hg.), Das Ja wagen. Trauungsansprachen, Herder (²1986), S. 139–141.

36.
In Gott verbunden bleiben

Trauansprache mit einem Weizengeflecht

Vorbereitung
Etwas Getöpfertes mit zwei Weizengarben
oder etwas zum Aufhängen, das aus Weizenstroh geflochten
wurde.

Lesungen
1 Joh 4,16 b–19: In der Liebe bleiben;
Joh 15,1–5: Bleibt mit mir verbunden (Weinstock – Reben);
Joh 15,9–12: Bleibt in meiner Liebe.

Ansprache

Dieses kleine getopferte Kunstwerk, das zwei Weizengarben
gegeneinandergestellt sieht, soll einmal Ihre Wohnung zieren.
Und wenn Ihr Blick darauf fällt, möge es Sie an diesen Tag
erinnern und an das, was zu diesen beiden Garben gesagt
wurde.

Da gibt es nämlich eine Geschichte von zwei Brüdern, die ich
Ihnen erzählen möchte. Der jüngere war verheiratet und hatte
Kinder, der ältere lebte unverheiratet allein. Beide bearbeite-
ten die Felder gemeinsam und ernteten auch zusammen das
Getreide. Sie teilten dabei die Garben in zwei gleich große
Stöße, für jeden einen Stoß Garben.

Als es Nacht geworden war, legte sich jeder in seinen Gar-
benhaufen, um zu schlafen. Der Ältere aber konnte keine Ruhe
finden und sagte sich: „Mein Bruder hat eine Familie, ich dagegen bin allein und ohne Kinder, und doch habe ich gleich viele
Garben genommen wie er. Das ist nicht recht." Und er stand

auf, nahm von seinen Garben und schichtete sie heimlich und leise zu den Garben seines Bruders. Dann legte er sich wieder hin und schlief ein. – Kurze Zeit später erwachte der Jüngere, der auch an seinen Bruder denken mußte, und sich sagte: „Mein Bruder ist allein und hat keine Kinder. Wer wird für ihn in seinen alten Tagen sorgen?" Und er stand auf, nahm von seinen Garben und trug sie heimlich und leise hinüber zum Stoß des Älteren. Als es Tag wurde und beide Brüder aufgestanden waren, staunten sie, daß ihre Garbenstöße gleich groß waren wie am Abend zuvor. Aber keiner sagte dem anderen ein Wort.

In der folgenden Nacht wartete jeder ein Weilchen, bis er den anderen schlafend vermutete. Dann erhoben sie sich, und jeder nahm von seinen Garben, um sie zum Stoß des anderen zu tragen. Auf halbem Wege trafen sie plötzlich aufeinander, und jeder erkannte, wie gut es der andere mit ihm meinte. Da ließen sie ihre Garben fallen und umarmten einander in herzlicher Liebe.

Und jetzt kommt es! Am Ende der Geschichte heißt es: Gott im Himmel aber schaute auf sie hernieder und sprach: „Heilig, heilig sei mir dieser Ort. Hier will ich unter den Menschen wohnen!"

(Mit einigen unwesentlichen Veränderungen nach dem aus dem Hebräischen übertragenen Text von J. Kerschensteiner, in: Prediger und Katechet, I/81, S. 71 f, Franz Sageder)

Sie betreten jetzt also heiliges Land, denn genau diese Liebe verbindet Sie jetzt miteinander. Ihr Blick hat diese Richtung. Ich möchte den *anderen* glücklich machen. Nur so kann der gemeinsame Weg gelingen. Denn dieser Blick der Liebe umfaßt Kompromisse, Verzicht und Hingabe; diese Liebe stützt Sie gegenseitig wie die Garben hier auf diesem kleinen Bildnis. „Wer in dieser Liebe bleibt", so hörten wir eben in der Lesung, „der bleibt in Gott, und Gott bleibt in ihm, denn Gott ist die Liebe" (1 Joh 4,16 b). In einer solchen Liebe wohnt Gott. Er umfängt sie von vorne und von hinten, von oben und von unten. Das wird gleich sichtbar, wenn Ihre ineinander gelegten Hände von dieser Stola, dem Symbol für Gott, umschlungen und festgehalten werden. Wir alle hier beten darum, daß Sie in dieser Liebe bleiben mögen, denn dann kann sie nicht aus Gott herausfallen; sie wird von ihm umgeben und geschützt.

So darf ich jetzt einen Segen Gottes über Sie aussprechen, den
so der hl. Patrick von Irland verfaßt haben soll:
   Der Herr sei vor euch,
   um euch den rechten Weg zu zeigen.
   Der Herr sei neben euch,
   um euch in die Arme zu schließen,
   um euch zu schützen vor Gefahren.
   Der Herr sei hinter euch,
   um euch zu bewahren vor der Heimtücke des Bösen.
   Der Herr sei unter euch,
   um euch aufzufangen, wenn ihr fallt.
   Der Herr sei in euch,
   um euch zu trösten, wenn ihr traurig seid.
   Der Herr umgebe euch wie eine schützende Mauer,
   wenn andere über euch herfallen.
   Der Herr sei über euch,
   um euch zu segnen.
   So segne euch der gütige Gott –
   heute und morgen und immer.

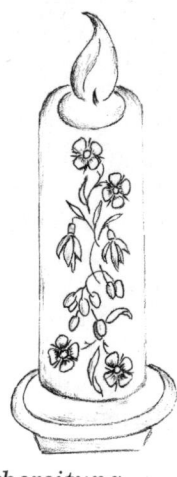

37.
Vom Licht in der Dunkelheit

Trauansprache mit einer Zierkerze

Vorbereitung
Eine reich verzierte Kerze, wie der Handel sie in großer Aus-
wahl anbietet. Wenn sie sehr kostbar sein soll, bitte vorher mit
der Verwandtschaft oder Bekanntschaft in Verbindung setzen,
um sie als Geschenk anzuregen.

Lesungen
Hld 8,6–7: Mächtige Wasser können die Flammen der Liebe
nicht auslöschen;
Mt 5,14–16: Ihr seid das Licht der Welt.

Ansprache

In manchen Häusern habe ich folgenden Spruch als Wandbild
entdecken können:
„Wenn du meinst, es geht nicht mehr,
kommt von irgendwo ein Lichtlein her!"
Darum überreiche ich Ihnen diese schöne Kerze als Geschenk
(von N.N.), damit Sie sie ab und zu entzünden können in Erinnerung an diesen Tag. Ich möchte jetzt mit Ihnen überlegen,
woher denn das „Lichtlein" kommen kann, wenn Sie in Tagen
innerer Dunkelheit oder Traurigkeit danach Ausschau halten
oder in die Flamme dieser Kerze schauen.
  1. Zunächst fällt mir dazu die Geschichte von der heiligen
Flamme ein: Ein Mann hat sich nach anstrengender Wallfahrt
an einem heiligen Ort ein Licht geholt, von dem er sich zumindest das zeitliche Glück erwartet, wenn er es heil bis nach
Hause bringt. Unterwegs bittet ihn ein Frierender um die Kraft

115

des Feuers, damit er Holz anzünden kann. Zuerst will er die heilige Flamme nicht für so eine weltliche Angelegenheit herausrücken. Dann aber gibt er seinem Herzen einen Stoß. Kaum geht er weiter, gerät er in einen schlimmen Sturm. So sehr er sein Licht auch schützt, die Flamme erlischt. Nun erinnert er sich an den, mit dem er sein Licht geteilt hat. Den weiten Weg zurück über Meere und durch Wüsten hätte er nicht mehr geschafft, aber zu dem anderen, dem er geholfen hatte, kann er zurück.

Sie haben, wie dieser Mann in der Geschichte, in Ihrem Leben schon einige Lichter weitergegeben. Sie stehen jetzt also nicht allein am Anfang der Reise Ihres Lebens. Ihre Familie und Ihre engsten Freunde stellen sich nachher bei der Trauungszeremonie im Halbkreis um Sie herum. Das will sagen, Sie werden nach wie vor mit ihnen rechnen dürfen. Überall, wo Sie Liebe, Freundschaft, Aufmerksamkeit geschenkt haben, brennen Lichter, auf die Sie zurückgreifen können, wenn Sie zeitweise im Orkan oder im Finstern stehen sollten. – Daran sollten Sie sich erinnern, wenn Sie Licht für Ihren Weg suchen.

2. Sie können auch an das Licht denken, das Ihnen schon in der Taufkerze entgegenleuchtete. Damals nahm Jesus Sie an die Hand, und gleich werde ich Ihre ineinandergelegten Hände mit dieser Stola umschließen, die das Zeichen von Jesus Christus trägt. Jetzt will er noch enger in Ihrer Mitte sein, er, der den Menschen damals sagte: „Ich bin *das* Licht der Welt. Wer mir nachfolgt, wird nicht in der Finsternis umhergehen, sondern wird das Licht des Lebens haben!" (Joh 8,12). Oder am Anfang des Johannes-Evangeliums heißt es: „Und das Licht leuchtet in der Finsternis" (Joh 1,5a). Gerade an den Hauptfesttagen des Kirchenjahres wirft dieses Licht verschiedene Strahlen aus: An Weihnachten feiern wir, daß in Jesus das Licht in alle Finsternis der Welt kam; Ostern wird das Licht des auferstandenen Christus zum „A und O" unseres Glaubens, und Pfingsten denken wir an das Feuer Gottes, das alle festverschlossenen Türen der Angst sprengen kann.

3. Es gibt aber noch eine dritte Möglichkeit, an trüben Tagen „ein Lichtlein" zu entdecken, nämlich: Für sich selbst etwas tun. Eheberater sagen, ein mangelndes Selbstwertgefühl ist Ursache für eigentlich alle Krisen. Also die tägliche Übung frei nach Karl Valentin: „Heute besuche ich *mich*. Hoffentlich bin ich zu Hause!" Das bewirken ein paar Minuten Alleinsein oder

ein Spaziergang, ausschlafen, ein erfrischendes Bad oder ein Besuch bei einem Menschen, dem es viel „dreckiger" geht; ein gutes Gespräch mit einem, der zuhören kann ... also nicht Trübsal blasen, sondern selbst den ersten Schritt tun, um das eigene Ich wieder aufzurichten. Denn erst, wenn ich ja sagen kann zu mir und meiner Situation, werde ich fähig, auch langsam wieder das Ja zum Nächsten und das Ja zu Gott zu wagen. Es ist besser, ein Licht anzuzünden, als über die Finsternis der Welt zu schimpfen! Wenn Sie sich selbst in diesen Augenblicken auch nur als kleines Klümpchen Wachs sehen und als viel zu kleinen Baumwollfaden: für ein Teelicht reicht es! Und die ganze Finsternis der Welt ist nicht imstande, Ihr winziges Licht zu löschen!

So nehmen Sie diese schöne Kerze als Andenken an diesen Tag mit in die Ehe und erinnern sich ab und zu, woher das tröstende „Lichtlein" kommen kann, wenn es mal um Sie dunkel ist. Wir wünschen Ihnen dann gute Freunde, neue Kraft aus dem Vertrauen auf Jesus und die Entdeckung, wie wertvoll jeder von Ihnen für uns und unsere großen Gemeinschaften in Kirche und Staat ist.

38.
Auf der gemeinsamen Wanderschaft

Trauansprache mit einem Wanderstab

Vorbereitung
Ein schöner Wanderstock. Falls er wertvoller ausfallen soll, dann frühzeitig mit der Verwandtschaft oder dem Wanderverein in Verbindung setzen. Eventuell auch zwei Wanderstöcke.

Lesungen
Ps 23: Der Herr, mein Hirte: Sein Stab gibt mir Zuversicht;
Koh 4,9–12: Zwei sind besser dran als einer allein;
Lk 24,13–35: Auf dem Weg nach Emmaus;
Joh 14,1–6: Ich bin der Weg;
Joh 15,1–5: Bleibt mit mir verbunden.

Ansprache

Diesen schönen Wanderstab darf ich Ihnen für Ihren gemeinsamen Weg als Eheleute mitgeben. Das Leben ist ja wie eine Wanderschaft – auch für Eheleute. Da Sie gerne wandern, kann er Sie oft an Ihren Hochzeitstag erinnern und an die Gedanken, die ich jetzt damit verknüpfen will. Es sind vier wie die vier Himmelsrichtungen.
    1. Beim gemeinsamen Wandern als Mann und Frau zeigen schon die Gesichter in dieselbe Richtung. Es kommt nicht mehr so sehr darauf an, sich verliebt anzuschauen, sondern gemeinsam in die gleiche Richtung zu blicken. Gleich wie Sie sich als Personen und Persönlichkeiten noch weiter verwirklichen wollen, nach Ihrem Ja heute muß sich jeder weitere Schritt auch am anderen orientieren, damit Sie nicht auseinanderdrif-

ten oder sich an der nächsten Wegbiegung aus den Augen verlieren.

2. Welchen Personen und Orten werden Sie begegnen? Mehr Regen oder mehr Sonnenschein auf Ihrem Weg spüren? Es kommt nicht auf die Anzahl oder Stellung der Personen oder die Schönheit der Orte an, sondern *wie* Sie ihnen begegnen:

Derjenige, dem Sie gerade begegnen, ist der Wichtigste. Und die Wegstrecke, die Sie gerade heute vorhaben, ist die wichtigste. Denn der wichtigste Tag ist immer heute. Und die wichtigste Tat auf all den Wanderungen ist immer, stets das Gute zu versuchen. Dann werden Regen oder Sonnenschein ziemlich gleichwertig, weil Sie die Sonne und die Liebe im Herzen haben, denn sie kehren immer wieder zu dem zurück, der sie uneigennützig verschwendet.

3. So ein Wanderstock ist auf steilen Wegen ein guter Stützstab, der das Herz beim Aufstieg und die Knie beim Abstieg entlastet. Solch ein Stützstab will die Kirche auf Ihrem Weg sein, manchmal vielleicht nur eine „Krücke", denn solange sie in die Hände von Menschen gelegt ist, wird sie immer „ihren kostbaren Schatz in zerbrechlichen Gefäßen tragen" und auch Ärgernis geben. Sie sind heute hierhin gekommen, um im Angesicht Gottes und dieser Kirche Ihr Ja zu sprechen. Und die Kirche schenkt Ihnen den Segen Gottes und spricht von dem, der unerkannt mit Ihnen gehen will, der auch zugleich die eigentliche Mitte der Kirche ist. Der Glaube an Jesus und die Kirche ist wie ein Stab in Ihren Händen – wie es der Psalmist schon vor über 3000 Jahren sagte:

„Muß ich auch wandern in finsterer Schlucht,
ich fürchte kein Unheil; denn du bist bei mir,
dein Stock und dein Stab geben mir Zuversicht."
(Ps 23,4.5)

4. Im Evangelium haben wir von den Emmausjüngern gehört. Es ist eines der schönsten und ausdrucksstärksten Evangelien, denn mitten in ihrer Traurigkeit und Enttäuschung spüren die beiden Jünger, daß ihr Herz wieder zu brennen anfängt. Jesus geht in ihrer Mitte mit, den sie dann während der Rast im Dorf am Brotbrechen erkennen. Dieser Jesus will auch mit Ihnen gehen, solange Sie mit ihm verbunden bleiben wollen. Das wird gleich besonders deutlich, wenn ich Ihre ineinandergelegten Hände mit dieser Stola umwickle, die mit dem

Symbol Jesu Christi geschmückt ist. Er will Sie in guten und bösen Tagen begleiten und halten.

5. Vier Himmelsrichtungen gibt es, und vier Gedanken haben Sie gehört. Aber die Zahl Fünf ist die Zahl des Lebendigen, die Zahl der Hochzeit, weil sie unteilbar aus der weiblichen Zahl Zwei und der männlichen Zahl Drei zusammengesetzt ist. Darum dieser fünfte Punkt: In manchen Kulturen gibt es nämlich *fünf* Himmelsrichtungen: die fünfte ist die Richtung auf uns selbst hin. Jeder ist also auch Mittelpunkt seiner eigenen Welt, und es ist entscheidend, im Leben auch „die Reise nach innen" anzutreten, zumal ja auch unser Herz eine „Wohnung Gottes" sein kann. Wer darum auf dem Weg zum Ziel den anderen wirklich lieben will, der muß zuerst seine eigene Mitte finden, Selbstwertbewußtsein haben, ja zu sich sagen können, so wie er ist mit all seinen Vor- und Nachteilen, denn dann erst ist er fähig, dem anderen wirklich zu begegnen. Gehen Sie manchmal auch ein Wegstück schweigend miteinander, damit jeder wieder mit sich, der Welt und Gott übereinkommen kann. Mit anderen Worten: Gehen Sie auch manchmal in sich, damit Sie ganz aus sich herausgehen können!

Sie sehen, dieser Wanderstock kann Ihnen viel für Ihren gemeinsamen Weg verraten. Und jetzt möchte ich Sie mit Jesus, Ihrem Wegbegleiter, verbinden, der gesagt hat: „Wenn ihr mit mir verbunden bleibt, könnt ihr reiche Frucht bringen!" (Joh 15,5).

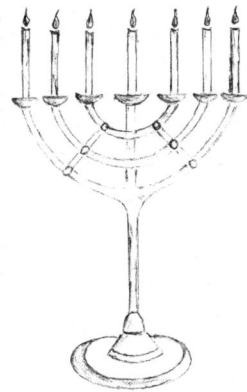

39.
Die heilige Siebenzahl – aufgeschlüsselt für den Eheweg

*Trauansprache
mit einem siebenarmigen Leuchter*

Vorbereitung
Bei einem nahen Verwandten, Mitarbeiter oder der Silberhochzeit eines Mitarbeiters kann dieses größere Geschenk angebracht sein. Sonst setzen Sie sich bitte früh genug mit der Verwandtschaft des Paares in Verbindung, um dieses Geschenk anzuregen, das dann gewissermaßen durch die Predigt in einen besonderen Rang gehoben wird. Siebenarmige Leuchter bietet der Geschenkhandel in den verschiedensten Preislagen an.

Lesungen
1 Kor 13,4–8 a.13: Für jetzt bleiben Glaube, Hoffnung, Liebe;
Mt 18,21–22: Wie oft muß ich dem Partner verzeihen?

Hinweis
Bitte unbedingt auswählen. Weniger ist mehr!

Ansprache

Dieser schöne siebenarmige Leuchter ist das Geschenk von N.N., das Ihnen sicherlich in besonderer Weise ans Herz wachsen wird, weil es heute an Ihrem Festtag in dieser Predigt hervorgehoben wird. Vielleicht entzünden Sie an Ihren Hochzeitstagen in Erinnerung an heute die Kerzen.

In der jüdischen Religion ist der siebenarmige Leuchter ein heiliges Zeichen. Mir kommt es aber jetzt mehr auf die heilige Zahl Sieben an, die Zahl der Fülle und der Vollkommenheit, die uns im Leben immer wieder begegnet:

121

1. So spenden Sie sich heute gegenseitig das 7. Sakrament, das wir in der katholischen Kirche kennen, das Sakrament der Ehe. Und wenn Sie sich auf die Gnadenfülle einlassen, die uns in jedem Sakrament von Gott versprochen ist, dann können Sie im Vertrauen auf Gott leichter den gemeinsamen Weg gehen. Wir alle wünschen Ihnen, daß Sie sich auf diesem Wege wenigstens manchmal wie im „siebten Himmel" fühlen, also sehr glücklich.

2. Alle sieben Jahre erneuert sich der Körper, nichts an ihm ist mehr wie vorher. Aber die Treue, die Sie sich gleich geloben, muß auch über das „verflixte siebte Jahr" hinausreichen, denn sie knüpft an der ewigen Treue Gottes zu uns Menschen an, und die hört nie auf.

3. Sieben Farben hat der Regenbogen, das Zeichen der Versöhnung zwischen Gott und den Menschen, einer Versöhnung, an der wir die unsrige ausrichten können. Eben im Evangelium haben wir ja gehört, wie oft ich dem Bruder, der Schwester oder dem Partner verzeihen soll. Siebenmal ist – menschlich gesehen – schon äußerst großzügig, aber für einen Christen hört die Bereitschaft zur Vergebung nie auf. Die Kraft dazu kann nur aus dem Glauben geschöpft werden. Schon das *Wort* „Ich verzeihe dir" ist die beste Münze im Haus – sagt ein chinesisches Sprichwort.

4. Es gibt auch die sieben Gaben des Heiligen Geistes, die wir Ihnen alle für Ihre Ehe wünschen. Die Gabe der *Weisheit*, d. h. das Wissen, worauf es im Leben ankommt; denn nicht die Fülle des Wissens und Ihr Bildungsgrad sind entscheidend. – Die Gabe der *Einsicht:* Alles richtig verstehen, alles „mit dem Herzen" sehen und Gottes Handschrift auch hinter den Ereignissen suchen. – Die Gabe des *Rates:* Guten Rat annehmen, aber auch wohlwollenden Rat geben. – Die Gabe der *Erkenntnis:* Sich selbst und seine Grenzen erkennen, ja zu sich sagen, um auch den anderen wirklich anerkennen zu können. – Die Gabe der *Stärke:* Die Zivilcourage, die beim Bürger für den Staat und beim Christen für die Kirche so wichtig ist. Dazu zählen auch Mut und Ausdauer, um gegebenenfalls gegen den Strom und den „Genossen" Trend zu schwimmen. – Die Gabe der *Frömmigkeit:* Sie erkennt, daß letztlich alles Geschenk ist und uns als erste Antwort die Dankbarkeit ansteht, bevor wir im Vertrauen auf Gott die nächsten Schritte versuchen. – Und schließlich die Gabe der *Gottesfurcht:* Wir brauchen nicht in

Angst vor Gott zu leben, aber wir haben Ehrfurcht (= ehren und fürchten) vor Gottes unfaßbarer Liebe.

5. Auch die sieben Tugenden wünschen wir Ihnen. Zunächst die drei göttlichen des Glaubens, der Hoffnung und der Liebe, von denen wir eben in der Lesung hörten – davon hält die Liebe allem stand. Dazu aber auch die vier Kardinaltugenden Klugheit, Gerechtigkeit, Tapferkeit, Verzicht und Maß.

6. In der symbolischen Sprache der Bibel heißt es: Am 7. Tag der Woche ruhte Gott. Der Sieben-Tage-Rhythmus der Woche scheint uns auf den Leib geschrieben zu sein, vielleicht wegen der Mondphase, die sieben Tage dauert. Versuche, die Woche zu verlängern, um mehr Arbeitstage zu gewinnen, schlugen fehl; die Menschen wurden krank. Ich warne Sie davor, an allen sieben Tagen der Woche zu arbeiten, weil Sie dann in Hektik und Streß Ihre innere Stimme und die Herztöne des anderen nicht mehr deutlich genug hören. Die Ruhe am Sonntag ist also wichtig, um den überreizten Bogen zu entspannen. Dahinein gehört auch unser gemeinsames Danke an Gott in der Gemeinschaft der Christen, um uns daran zu erinnern, daß wir durch die Auferstehung Christi schon Erlöste sind und noch eine große Zukunft vor uns haben.

7. Und letztens soll Sie die Sieben auch an die sieben Schmerzen Mariens erinnern, die auch auf Sie warten können. Momente, wo Ihre Seele wie von einem Schwert durchbohrt wird und Sie meinen, jetzt müsse die Welt stehenbleiben. Es gibt aber auch die sieben Freuden Mariens, und die kreisen um ihr Kind Jesus, das damals allen Menschen von einem siebenzackigen Kometen angekündigt wurde. Dieser Jesus bietet auch Ihnen seine Hilfe und Wegbegleitung an, und jeder wird es sehen können, wenn diese Stola hier, die geschmückt ist mit dem Zeichen Christi, Ihre Hände gleich einbindet und halten will – in guten und bösen Tagen.

So nehmen Sie diesen siebenarmigen Leuchter mit in Ihre Ehe. Er kann Ihnen für Ihren gemeinsamen Weg eine Menge sagen.

40.
Das Glück einfangen

Trauansprache mit einer Haushaltsleiter

Vorbereitung
Eine Haushaltsleiter (Sich vor der Trauung mit der Verwandtschaft, Bekanntschaft oder den Vereinen der Brautleute in Verbindung setzen, um dieses angeregte Geschenk mit der
Traupredigt „einzuweihen".) *Oder* ein gebastelter phantasie-
voller „Glücksvogel".

Lesungen
Koh 4,9–12: Zwei sind besser als einer;
Kol 3,12–15: Vor allem liebt einander;
Mt 20,25–28: Dienen und nicht herrschen;
Joh 15,1–5: Bleibt mit mir verbunden.

Ansprache

Diese Haushaltsleiter, das Geschenk von N.N. an Sie, liebe
Brautleute, soll heute im Mittelpunkt der Predigt stehen, gewissermaßen eingeweiht werden. Sie wissen, welche schlimmen Unfälle Leitern schon verursacht haben. Da Sie in Ihrer
Ehe oft auf eine Leiter steigen, im übertragenen Sinne auch
„höher steigen" wollen, z.B. im Beruf, im Besitz, im Kinder-
reichtum, darf ich Ihnen ein paar Gesichtspunkte mit auf den
Weg geben, damit alles gutgeht.
   1. *Partnerschaft oder die „Gleichgewichtsregel":* Sie wissen,
wenn einer diese Leiter besteigt, dann wird die Stabilität um so
unsicherer, je höher er kommt. Darum sollte der andere dabei-
stehen, um ihm sicheren Halt zu geben. Beide müssen gewissermaßen „aneinander" bleiben, damit derjenige auf der Leiter

nicht stürzt. Modern wird das mit „Gleichgewichtsregel" ausgedrückt oder mit „Partnerschaft". Die innere Zufriedenheit und
äußere Sicherheit – nicht mehr und nicht weniger –, was nicht
ausschließt, daß jeder verschiedene Fähigkeiten einbringt und
unterschiedliche Aufgaben wahrnimmt. In der Öffentlichkeit
kann durchaus der eine höher stehen, aber nicht auf Kosten
des anderen. Die innere Partnerschaft muß also stimmen. Bereit sein zu geben und zu nehmen, zu nehmen und zu geben. Es
gibt keine Über- oder Unterordnung, auch wenn ich ganz unten
stehe und die Leiter nur festhalte. Ihre Verschiedenheit er-
gänzt sich. Wer welche Aufgaben übernimmt, unterliegt der
freien Vereinbarung, in der es keine Unterdrückung des anderen geben darf. Um die Grenzen da abzustecken, ist ein bleibendes Miteinander-Sprechen unerläßlich.

Nach einer Idee meines Mitbruders Gerhard Dane, Köln

2. *Den Glücksvogel einfangen.* Eine Geschichte erzählt, daß
sich auf einem Baum ein herrlich bunter, seltsamer Vogel nie-
derließ: der Paradiesvogel. Die Bewohner wußten, wenn sie ihn
einfangen, kann das Glück die Stadt nicht mehr verlassen. Und
so kamen sie freudig, um eine lebendige Leiter zu bilden.
Schon hatte sich der Letzte nach oben gearbeitet und wollte
den Glücksbringer greifen, da versagten dem Untersten die
Kräfte – vielleicht hatte er auch „keine Lust" mehr –, und alle
purzelten herunter. Der Vogel aber flog weg. (Nach Martin Bu-
ber)
  Ich darf es auf Ihre Ehe übertragen, für die Sie sich Glück
und Zufriedenheit erträumen. Ich umgehe also bewußt den
Ausdruck „Paradies", denn es gibt auch in der Ehe kein „Paradies auf Erden". Aus dem „Paradiesvogel" wird oft ein grauer
Spatz, wenn übersteigerte Erwartungen und Hoffnungen
zwangsläufig zu Enttäuschungen führen. Also: Die Leiter zum
Glück in der Ehe darf nicht auf Träumen stehen, sondern
braucht eine feste Bodenhaftung, um nicht zu stürzen. Die Leiter erfordert einen, der sie besteigt, und einen, der sie hält und
ihr so Stabilität verleiht. Einer allein kann also das „Wir" nicht
zusammenhalten.
  Wie dieses Miteinander aussieht, das Sie täglich neu versuchen müssen, haben Sie eben in der Lesung gehört: „Bekleidet
euch mit aufrichtigem Erbarmen, mit Güte, Demut, Milde, Ge-

duld. Ertragt euch gegenseitig, und vergebt einander, wenn einer dem anderen etwas vorzuwerfen hat. Wie der Herr euch vergeben hat, so vergebt auch ihr! Vor allem aber liebt einander, denn die Liebe ist das Band, das alles zusammenhält" (Kol 3, 12–14).

3. *Dienen.* Interessant ist auch folgendes: Auf manchen alten Bildern lehnt am Stall zu Bethlehem und am Kreuz von Golgatha eine Leiter. Damit wollten die Künstler ausdrücken, Jesus ist als Sohn Gottes auf die Erde hinabgestiegen und Mensch geworden. Ja, er stieg hinab in das Leid und den Tod ans Kreuz und wurde so uns Menschen wirklich gleich. Weil Jesus in der Trauungszeremonie zum Weggefährten, zum Ersten in Ihrem Bunde wird, deshalb kann er Ihnen Wichtiges sagen. Und seine Worte lauten: „Wer unter euch groß sein will, der sei euer Diener!" (Mt 20,26), „Wer sich selbst erhöht, wird erniedrigt" (Mt 23,12). Jesus selbst wusch den Jüngern die Füße, ein Dienst, zu dem damals selbst Sklaven nicht gezwungen werden durften. Meine Worte umschreiben also das Wort *„Demut"* = Mut zum Dienen. Gleich, wer für die Öffentlichkeit auf der Leiter hoch und höher steigt, das geht für die Ehe nur gut, wenn es in der Haltung der Demut geschieht, die dem anderen keine unzumutbaren Belastungen aufbürdet.

So wünschen wir Ihnen, daß Sie mit dieser Leiter in Ihrer Ehe immer wieder mal den Glücksvogel fangen werden, auch wenn Sie ihn nie ganz festhalten können. Nun freue ich mich darauf, Ihre Hände gleich mit dieser Stola, die geschmückt ist mit dem Zeichen Christi, einzubinden: Wenn Sie IHN in Ihre Mitte lassen, dann braucht keiner abzustürzen!

Verzeichnis der Schriftstellen

Vorbereitung der Trauung – Leben in der Ehe

Klemens Richter / Heinrich Plock / Manfred Probst
Die kirchliche Trauung
Werkbuch für die pastoralliturgische Praxis
3. Auflage, 176 Seiten, Paperback. ISBN 3-451-17692-0

Das Ja wagen
Trauansprachen
Herausgegeben von Klemens Richter
2. Auflage, 160 Seiten, Paperback. ISBN 3-451-20385-5

Peter Neysters
Komm in mein Leben
Ehe-Mosaik
5. Auflage, 144 Seiten, Paperback, ISBN 3-451-19985-8

Peter Neysters
An hellen und an dunklen Tagen
Ehe in der Lebensmitte
ca. 144 Seiten mit ca. 20 Abbildungen, Paperback.
ISBN 3-451-21672-8

Dieter Emeis
Die Ehe christlich leben
Anregungen
5. Auflage, 128 Seiten, Paperback. ISBN 3-451-19036-2

Dietmar Mieth
Die Kunst, zärtlich zu sein
Wege zur Sensibilität
6. Auflage, 96 Seiten, Paperback. ISBN 3-451-19702-2

Verlag Herder Freiburg · Basel · Wien